초등토론교육연구회 이영근 선생님의
초등 따뜻한 교실토론

초등 따뜻한 교실토론

초판 4쇄 발행 2017년 5월 10일

지은이 이영근
발행인 김병주
총괄CFO 이기택
기획 최윤서
편집 김은아
디자인 신미연
마케팅 장은화, 김수경
펴낸 곳 (주)에듀니티(www.eduniety.net)
도서문의 070-4334-2196
일원화구입처 031-407-6368 (주)태양서적
등록 2009년 1월 6일 제300-2011-51호
주소 서울특별시 종로구 삼봉로 57 종로호수빌딩 4층

ISBN 979-11-85992-01-3 (13370)
값 15,000원

이 책은 저작권법에 따라 한국 내에서 보호를 받는 저작물이므로 무단 전재 및 복제를 금합니다.
이 책의 국립중앙도서관 출판시도서목록(CIP)은 www.nl.go.kr/ecip에서 이용하실 수 있습니다.

초등토론교육연구회 이영근 선생님의

초등 따뜻한 교실토론

이영근 씀

에듀니티

들어가는 글

재미있는 토론, 따뜻한 토론

안녕하세요? 초등참사랑 이영근입니다. 책으로, 토론으로 여러분을 만나니 참 행복합니다.

"토론, 재미있어요."

학생들이 하는 말입니다. 제가 토론을 계속하는 까닭이기도 합니다.

학교에서 공개수업을 했습니다. 선생님들께 한 시간 동안 토론 활동을 넣은 수업을 보였습니다.

"학생들이 즐겁게 웃으면서도 토론할 때는 정말 진지하네요."

"1 : 1 토론에서 모두가 함께 하니 시끄러워 다른 학생 말은 못 들을 것 같은데 묻고 답할 때 보니 다 알고 있어 놀랐어요."

수업을 마치고 선생님들께서 해 주신 말씀입니다. 토론이 가진 힘이라고 생각합니다.

저는 토론이 따뜻했으면 합니다. 가끔 텔레비전에서 토론하는 모습을 보게 됩니다. 그때 토론자들 태도는 어떠합니까? 서로 싸울 기세입니다. 그러며 내 말만 하고, 상대방 얘기는 철저히 밟는 모습을 보입니다. 교실에서 이런 토론을 바라는 분은 아마 없을 겁니다.

저는 우리 교실에서 하는 토론이 '따뜻한 토론'이길 바랍니다.

'따뜻한 토론'이란 첫째로, 상대를 존중하는 토론입니다. 생각이 다름을 받아들이고 상대를 존중할 수 있어야 합니다. 기성세대가 상대를 인정하지 않는 모습을 보이는 까닭은 토론 경험이 적어서 그럴 겁니다. 그래서 우리 학생들에게 토론 경험을 많이 주어야 합니다. 내 주장을 힘주어 펼치지만 상대를 따뜻한 눈으로 바라보고, 상대 주장을 열린 마음으로 들을 수 있어야 합니다. 물론 교실에서 이런 토론이 잘 일어날 수 있으려면 서로 보듬는 학급 문화가 바탕이기는 합니다.

두 번째로, '따뜻한 토론'이란 삶과 하나 되는 토론입니다. '말만 잘한다', '말과 행동이 다르다'는 말을 흔히 하는데, 우리 교실토론에서는 버려야 할 모습입니다. 토론하다 보면 말 잘하는 학생이 참 많습니다. 그런데 말 잘하는 학생들이 모두 자기가 한 말처럼 행동하는 건 아닙니다. 말과 행동이 함께하지 못하는 것이죠. 이게 그 학생만의 문제일까요? 아닙니다. 어른들이 토론에서 논리, 승리만을 내세우기 때문입니다. 토론은 대회가 아닌 삶 속에서 일어나야 합니다. 또 토론으로만 끝나는 것이 아니라, 교육으로 이어져야 합니다.

세 번째로 '따뜻한 토론'이란 함께 성장하는 토론입니다. 교실에서 하는 토론은 더 그랬으면 합니다. 교실은 공동체입니다. 모자라면 함께 채우고, 조금 더디면 손잡고 걸으며 함께 커 가는 교실 공동체면 좋겠습니다. 교실에는 토론을 좋아하는 학생들과 학습 능력이나 자신감이 부족하여 토론을 힘들어하는 학생들이 함께 있습니다. 모두 같이 성장하며 토론하도록 도와야 합니다. 자료를 함께 준비하고, 서로 격려하며, 서로에게 손뼉 치며 힘을 주길 바랍니다. 그래야지 토론이 교실에서 제대로 꽃을 피웠다고 할 수 있습니다.

'참사랑땀반'과 '우리아이토론' 경험에서 나온 이야기

저는 '이게 우리 학생들에게 좋겠는데' 하는 생각이 들면 학생들과 해봅니다. 그런데 학생들과 해보니 조금 더 알아야겠습니다. 그러면 책도 보고, 연수도 듣습니다. 남들이 아무리 좋다고 해도 저와 우리 반과 맞지 않으면 과감하게 버립니다. 반면 '이거 참 좋네' 하는 것은 아무리 바빠도 계속합니다. '토론'이 그랬습니다. 이런 토론 경험을 바탕으로 이 책을 썼습니다.

이 책은 우리 교실의 경험 이야기입니다. 참사랑땀반 5학년, 6학년 학생들과 토론하며 겪은 경험을 담았습니다. 물론 그동안 공부한 토론 관련 지식도 많이 있습니다. 그렇지만 단지 지식에 그치지 않고, 우리 학생들에게 어떻게 다가가고 우리 교실에서 어떻게 녹여냈는지 실제 토론에서 얻은 경험을 바탕으로 내보이려 애썼습니다.

'우리아이토론' 이야기이기도 합니다. '우리아이토론'은 아들 희문과 함께한 토론 모임입니다. 희문이 초등학교 5학년일 때, 그해 5월에 희문이 친구들을 모아서 시작한 토론 모임으로, 주마다 일요일이면 두세 시간 토론했습니다. 중학교 1학년인 현재까지 100회가 넘는 토론 모임을 하고 있습니다. 교실에서는 학생들이 많고 다양한 활동이 있어 토론으로 변하는 학생의 모습을 제대로 보기 힘들었습니다. 반면 '우리아이토론'은 아이들을 토론만으로 만나니 토론하며 드러나는 아이들 모습이 눈에 잘 들어왔습니다. 이렇게 '우리아이토론'에서 보고 느낀 것도 담았습니다.

학생들을 가르친 경험과 함께 이 책의 또 다른 바탕은 토론 공부 모임입니다. 혼자서 고민하던 것을 토론 공부 모임에서 풀 수 있었습니다. 토론이 잘 안 될 때, 또는 학교에서 삶이 고달플 때 서로 이야기를 들어주며 힘을 얻었습니다. 꾸준히 토론을 배우고 실천하고 나눌 수 있었던 힘의 바탕이 이 토론 공부 모임이었습니다. 이 책을 마치는 인사로 제가 하는 공부 모임인 초등토론교육연구회를 소개해 두었으니 공부 모임으로도 많이 만나길 바랍니다.

고마운 마음을 전합니다

참사랑땀반 사랑이들, 어떻게 사는 게 선생으로 제대로 사는 것인가 하는 고민에서 나온 토론 이야기이니, 이 글의 뿌리는 여러분인 게야. 고마워.

"희문아, 토론 모임 할래?" 했을 때 "응" 하고 대답해 준 덕분에 3년째 일요일마다 아버지와 아들이 아닌 토론 선생님과 제자로 만나는 우리 아들 희문, 그리고 곧 친구들과 토론 모임을 꾸려 또 다른 토론 제자가 될 우리 딸 수민아, 사랑하고 고마워.

"자기야, 우리 토론 공부 같이 하자"는 말에 흔쾌히 함께 토론 모임을 꾸리고 얼굴을 맞대고서 같이 공부하는 군포 토론 모임 회장이자 함께 사는 정순샘, 고마워요.

아울러 학생들과 수업 시간이 즐거운 토론, 삶을 가꾸는 토론을 위해 이 책을 보시는 선생님, 정말 고맙습니다.

늘 저를 위해 좋은 말씀을 아끼지 않으셨던 서울경기글쓰기교육연구회, 초등토론교육연구회, 동학년 공부 모임 '으뜸헤엄이' 회원님들과 학교 동료, 그리고 에듀니티 식구분들께 고마운 마음을 드립니다.

모든 이들과 또 다른 만남을 손꼽으며 또 걷겠습니다.

고맙습니다!

'토론은 삶이다'

2013년 10월 이영근

차례

들어가는 글 5

1강 토론이란
토론과 토의 15 / 토론하면 좋은 점 23 / 토론의 원칙 41 / 토론의 윤리 49

2강 논제 만들기
논제의 특징 57 / 논제의 종류 64 / 교실토론에서 고려할 점 68 / 논제를 찾는 과정 74

3강 토론의 요소
입안 83 / 반박 96 / 교차조사, 교차질의 102 / 마지막 주장과 작전 시간 109 / 평가 112

4강 토론의 형식
링컨–더글러스 토론 121 / 의회식 토론 125 / CEDA 토론 128 / 칼 포퍼 토론 133 / 퍼블릭 포럼 디베이트 137

5강 교실토론
교실토론의 어려움 145 / 교실토론이 잘 이루어지려면 151 / 교실토론 차례 154

6강 참사랑땀반의 토론 이야기

1 : 1 토론(짝 토론) 161 / 2 : 2 토론 173 / 3 : 3 토론 182 / 4 : 4 모둠 토론 189 / 학급 전체 토론 197 / 교실토의 205

7강 토의·토론 참여형 수업

창문 구조 213 / 신호등 토론 215 / 회전목마 토론 217 / 피라미드 토론 219 / 모서리 토론 221 / 가치수직선 토론 223 / 브레인라이팅 225 / PRO-CON 토론 227 / 월드카페 229 / 원탁 토론 231

8강 독서 토론

먼저 알기 235 / 참사랑땀반의 독서 활동 237 / 독서 토론 차례 245 / 〈스갱 아저씨의 염소〉로 토론하기 253 / 〈돼지책〉으로 토의하기 259

9강 교사 일기

논리, 아이들에게 참 힘든 거구나 267 / '친구의 잘못을 선생님에게 일러야 한다'는 논제로 토론하기 274 / 토론이 삶으로 이어지도록 278

나가는 글 280
참고 문헌 284

1강

토론이란

일상의 삶 속에 토론은 수시로 벌어진다.

토론과 토의

찬성과 반대가 있는 토론

흔히 토론과 토의를 혼돈해서 쓰는 경우가 많다. 이 둘의 뜻을 명확하게 구분하면 다음과 같다.

- 토론 : 서로 의견이 다른 문제를 놓고 자기 생각을 말하거나 따지고 의논하는 것.
- 토의 : 어떤 문제를 두고 서로 생각을 주고받으면서 의견을 나누는 것.

- 〈보리국어사전〉〈보리〉 중에서

토론은 어떤 일(논제)에 찬성하는 사람과 반대하는 사람이 있는 상황에서 일어난다. 이럴 때 찬성과 반대는 서로 자기가 옳음을 주장하며, 동시에 상대 주장에 문제가 있음을 드러낸다. 하지만 그냥 자기주장만 해서는 상대를 설득할 수 없기 때문에 여러 까닭(근거)을 들어 주장한

다. 찬성과 반대 모두 자기 주장이 옳음을 내세우며 상대를 이기려고 경쟁한다.

교실 상황에서 예를 들어 보자. 학기 초에 한 학생이 "선생님, 우리 반 일기는 어떻게 쓰나요?" 하며 묻자, 선생님이 "여러분은 지금까지 어떻게 썼나요?" 하고 되물었다. 그랬더니 '안 썼다, 날마다 썼다, 일주일에 몇 번 썼다' 등 다양한 대답이 나왔다. "그래요? 우리 반은 날마다 쓰는데" 하는 선생님 말에 싫다는 학생들이 여럿이다.

토론에서 첫 걸음은 이렇게 자기 생각을 드러내는 것이다. "그래, 일기를 날마다 쓰는 것에 싫다는 친구들이 있군요. 그럼 우리, 일기를 날마다 쓰는 것으로 이야기를 나눠 봅시다. 일기를 날마다 쓰면 어떤 게 좋을까요?" 학생들이 자기 생각을 드러낸다. "그럼 일기를 날마다 쓰는 것을 반대하는 까닭은 무엇인가요?" 마찬가지로 여러 이야기가 나온다. '일기를 날마다 써야 한다'는 주제(논제)에 찬성과 반대로 생각이 갈리는 것이다.

토론은 이렇게 어떤 문제에 생각이 다른 두 편이 맞서는 상황이다. 위의 예에서는 '날마다 일기를 써야 한다'는 찬성과 '날마다 일기를 쓸 필요가 없다'는 반대가 맞선다.

찬성과 반대로 나뉘는 토론의 특성 때문에 토론할 때는 사진처럼 서로 마주 보고 앉는다. 서로 맞서는 상황처럼 마주보고 앉아 서로의 주장을 내세운다. 보통 찬성이 오른편에, 반대가 왼편에 앉는다.

요즘 디베이트라는 말을 많이 듣는다. 교실에서의 토론을 '디베이트'로 하자는 주장도 있는데, '디베이트debate'는 '토론'의 영어 표현일 뿐이다. 토론과 디베이트는 한글과 영어의 차이일 뿐 같은 말이므로, 일부러 우리가 늘 쓰던 토론이라는 말을 두고 영어인 디베이트를 쓸 필요가 없다.

둥글게 앉아 함께 해결 방법을 찾는 토의

토의는 토론과 상황이 완전히 다르다. 토의는 어느 모임에서 문제가 생겼을 때 구성원들이 함께 문제를 풀어 가는 과정이다. 즉, 문제(의제)가 생겼을 때 그 모임에 함께하는 사람들이 해결 방법을 찾기 위해 이야기를 나누는 과정이다. 마찬가지로 교실에서 어떤 문제가 생겼다면, 구성원인 교사와 학생들이 함께 해결 방법을 찾기 위해 이야기를 나누어야 하는데 이런 이야기 상황을 '토의'라고 한다.

　　토의에서는 해결 방법을 찾기 위해 이야기 나누기를 해야 한다. 자기주장만 내세워서는 안 되며 내 것을 양보할 수도 있어야 한다. 물론 자기 의견으로 결정되도록 노력하지만, 구성원들이 서로 힘을 모으는 협력이 있어야 하는 것이다. 자기 의견에 적절한 자료를 준비하고 발표할 때는 설득력 있게 말하되, 결과가 자기 의견과 다르더라도 그 결과를 받아들여야 한다.

　　많은 교실에서 모둠을 수시로 바꾸면서 학급을 운영한다. 새롭게 모둠을 꾸리면 모둠 이름, 모둠 구호, 모둠 손뼉, 모둠 규칙 따위를 정하는데, 이때 함께 정할 것들이 의제가 된다. "자, 여러분 모둠 이름을 정해 보세요"라고 선생님이 말했을 때, 학생들은 "우리 모둠의 이름은 무엇으로 할까?" 의견을 나눈다. 이때 '우리 모둠의 이름은 무엇으로 할까?'가 의제가 된다. 모둠원들은 머리를 맞대고 생각을 나눠 모둠 이름을 만들어 내는데 모둠 이름을 '행복'으로 정했다면 이 모둠은 토의로써 문제를 해결한 것이다.

　　일상생활에서도 여러 문제가 생기고 그 문제를 구성원들이 함께 풀어내야 할 때가 많다. 집에서는 '외식을 무엇으로 할까?', '어디로 여행을 갈까?', '무슨 영화를 볼까?', '집 청소는 어떻게 나누어 할까?' 같은 것들이 의제가 될 수 있다. 학급에서는 '자리를 어떻게 앉을까?', '아침활동시간에는 무엇을 할까?', '점심 급식은 어떻게 먹을까?' 같이 의제가 될 만한 상황들이 많다. 이런 의제로 이야기를 나누며 문제를 풀어가

는 것을 '토의'가 일어나는 상황이라 한다.

　토의에서 해답을 찾기 위해서는 구성원들이 좋은 의견을 많이 내어야 하는데, 자기 고집만 내세워서는 안 된다. 내 의견으로 설득이 되지 않고 다른 사람의 의견으로 결정이 나더라도 함께 힘을 모을 수 있을 때 발전을 위한 토의라 할 수 있다.

　토의하기 위해 앉은 모습은 토론과 다르다. 토론은 서로 맞서는 모습으로 마주 앉는 반면, 토의는 하나를 중심으로 앉는다. 빙 둘러앉아 가운데를 보는 모습이 가장 흔하고, 진행자를 보고서 앉기도 한다.

따로 또 같이

　토론과 토의는 그 개념과 상황이 완전히 다르나 토론과 토의를 따로 떼어서 생각할 수만은 없다. 보통 토론은 갈등을 푸는 데, 토의는 문제를 해결하는 데 큰 도움이 된다. 갈등을 풀고 문제를 해결하는 것은 늘 우리 삶의 숙제다.

가장 먼저, 정치 상황을 떠올릴 수 있다. 정치에서는 어떤 정책을 펼 것인가 하는 문제로 늘 갈등하기 마련이다. 그런데 그 갈등을 대화와 토론으로 풀기보다 힘으로 누르려고만 하면, 갈등이 쌓이고 문제 해결은 묘연해진다.

교실도 마찬가지다. 교실에서 올바른 학급 문화가 제대로 자리매김하려면 적어도 두 달은 걸리는데, 그때까지 많은 갈등 상황이 생긴다. 학생들끼리, 교사와 학생 사이에도 갈등이 생길 수 있다. 또한 여러 학급 규칙을 만들어 가는 과정에서도 토론과 토의가 필요하다. 학기 초인 3월에 학급의 큰 틀을 세우더라도 시간을 함께 보내며 그 내용을 조금씩 다듬어 가게 된다. 이렇게 갈등을 풀고 규칙을 만드는 데에 토론과 토의는 아주 좋은 방법이다.

토론은 학급 운영에서 갈등을 풀고 생각을 깊게 하는 구실을 한다. 많은 교사들이 "선생님, 청소나 급식 같은 학급 운영으로 토론하려니 걱정이 돼요. 토론에서 반대가 이기면 하지 말아야 하잖아요" 하고 걱정하는 경우가 있는데, 이것은 토론으로 문제 해결을 할 수 있다는 오해에서 나온다. 토론은 단지 논리의 싸움으로, 토론에서 찬성이 이겼다고 찬성을 따를 것이 아니다. 토론을 잘하는 학생은 찬성이건 반대건 다 이길 수 있다. 만일 이런 주제에 대해 우리 반이 어떻게 할 것인지 정할 것이라면 토론과 별개로 토의 시간을 가져야 한다.

- '토론 ▶ 토의' 예

4월부터 교실에 학생들이 모자를 쓰고 오기 시작하였다. "여러분은 모자를 쓰는 것에 어떻게 생각하나요?" 하고 물으니 의견이 나뉘었다.

그래서 논제를 '교실에서 모자를 써도 된다'로 잡아 토론하자고 제안하였다. 토론 과정에서 교실에서 모자를 썼을 때 불편한 점이나 공부에 집중하기 힘들다는 이야기가 자기들 말로 나왔다. 더 나아가 해결 방법까지 스스로 말하였다. 이렇게 두세 번 토론하고서 '우리 반은 모자 쓰는 걸 어떻게 할까요?'로 토의하니, 토론에서 나왔던 이야기를 바탕으로 자기들이 지킬 수 있는 약속을 스스로 만들었다.

- '토의 ▶ 토론 ▶ 토의' 예

수학여행을 갈 때 여학생들은 한 방에 들어가는 학생을 어떻게 정할지에 관심이 많다. 자주 어울리는 여학생들끼리 같은 방을 쓰고 싶은 욕심을 드러내는데, '수학여행에 한 방에 들어가는 학생을 어떻게 짤 것인가?'로 토의하였다. 그러니 '무작위', '친한 친구'로 크게 나뉜다. 그래서 '수학여행에서 친한 친구끼리 방을 써야 한다'로 토론하였다. 토론을 두세 번 거치며 학생들이 찬성과 반대를 모두 경험하게 하였다. 친한 친구끼리 해야 한다고 주장하던 학생들도 토론에서 반대를 경험하도록 하여 친한 친구가 많이 없는 학생들의 처지를 헤아리는 말을 하도록 하였다. 그 과정을 거치고 다시 토의를 하니, 친한 친구와 무작위를 적절하게 섞는 방법을 제시해 모두가 만족스럽게 문제를 해결할 수 있었다.

개념보다 삶이 먼저

많은 사람들이 토의와 토론을 섞어서 쓴다. "우리 토론합시다" 하고서는 토의를 하곤 하는데, 심지어 텔레비전의 토론 프로그램도 마찬가지다. 토론이라고 하고서는 토의에 적합한 주제인 '남북관계 어떻게 풀어야 하나?', '학교 폭력, 이대로 둘 것인가?' 같은 주제로 이야기를 나눈다. 토론이라는 말 속에 토의를 품고 있는 셈이다. 삶에서도 섞어서 쓰는 모습이 자주 보인다. 교사는 토론과 토의라는 개념이 다름을 알아야 한다. 그렇지만 삶에서는 토론과 토의의 개념을 너무 구분하기보다 토론과 토의가 뿌리 내리는 교실 문화가 먼저이다.

■ 집이나 학교에서 경험하는 토론과 토의 예

토론	토의
이사를 아파트로 해야 한다. 외식을 중국음식으로 하자. 아침활동시간에 줄넘기를 해야 한다. 급식을 남겨도 된다.	어디로 이사를 갈 것인가? 외식으로 무엇을 먹을 것인가? 아침활동시간은 어떻게 보낼 것인가? 급식은 어떻게 먹을 것인가?

토론하면 좋은 점

듣기 능력이 커진다

요즘은 많은 학부모들이 자녀를 토론 학원에 보낸다. 또한 학교에서도 토론에 관심을 보이며 토론을 학습 지도에 적극 활용하고 있다. 토론이 어제 오늘 새롭게 생긴 것도 아닌데 왜 이렇게 인기가 높아졌을까? 갑작스럽게 과열된 토론 교육에 문제가 없는 것은 아니나, 이런 현상이 나타나는 밑에는 토론만이 갖는 좋은 점이 있기 때문이다.

먼저, 토론은 듣기 능력을 키운다. 말을 잘하는 사람보다 내 말을 잘 들어 주는 사람에게 더 호감이 간다. 내 말에 귀 기울이는 사람에게 끌리기 마련이다. 사람과 사람의 만남에서 잘 듣는 것은 매우 중요한 일이다. 토론에서는 삶에서 이렇게 중요한 듣기가 더욱 필요하다. 제대로 듣지 않으면 토론할 수 없기 때문이다. 상대가 하는 주장을 제대로 들어야 반론하고 질문할 수 있다. 주의력이 산만한 학생들이 처음 토론할 때 힘들어하는 까닭이 여기에 있다.

한 예로, 교실에서 '빼빼로데이'에 대해 1 : 1 토론을 한다고 가정해 보자.

> **희문** 난 빼빼로데이가 필요하다고 생각해. 빼빼로데이 때 친구들에게 과자를 나눠 주며 서로 정을 쌓을 수 있잖아.
> **수민** 그건 인정해. 그런데 못 받는 친구들도 있는데, 난 그 친구들에게는 빼빼로데이가 더 힘든 날이 될 것 같아. 그건 어떻게 생각해?
> **희문** 그리고 빼빼로데이 같은 기념일로 공부에 쌓인 스트레스를 풀 수 있어야 한다고 생각해.
> **수민** 내가 질문한 건 그게 아니잖아. 먼저 대답을 해 주면 좋겠어.
> **희문** 질문이 뭐였는데?

희문과 수민이가 '빼빼로데이'로 토론하고 있다. 희문이가 내세운 근거(친구 사이의 정, 스트레스 해소)는 나름 인정할 만하다. 그렇지만 희문이는 수민이 하는 말을 듣지 않고 자기 말만 하느라 수민이 묻는 말에 대답하지 못했다. 토론은 혼자서 하는 것이 아니며, 상대가 하는 말에 귀 기울여 들어야만 원활하게 이루어진다. 즉, 다른 사람의 이야기를 들어야 토론할 수 있다.

듣기의 단계

듣는다고 다 똑같이 듣는 게 아니다. 듣는 모습도 다양한데, 이런 듣기에도 단계가 있다. 학생들 중에는 앞의 예에서 들었던 희문처럼 듣기에 서투른 학생들이 꽤 된다. 그런 학생들에게 다음과 같은 듣기 단계를 알려 줄 필요가 있다.

• 보며 듣기 – 쓰며 듣기 – 대답하며 듣기 – 생각하며 듣기

교실에서 교사와 학생들이 수업하는 모습을 예로 들어 듣기 단계를 살펴보자. 첫 단계는 '보며 듣기'이다. 수업 시간에 선생님이 학생들에게 무엇을 설명할 때 가장 자주 하는 말은 아마도 "자, 여기를 보세요"일 것이다. 왜 그럴까? 기본이 '보며 듣기'이기 때문이다. 사람은 말을 할 때 눈과 손으로 함께 표현을 하는데, 보지 않으면 그것을 알 수가 없다. 그래서 보면서 듣는 것은 매우 중요하다.

학생들이 선생님이 설명하는 것을 열심히 보고 있는데, 선생님이 또 이렇게 말한다. "자, 이건 공책에 써 두세요". 아마도 그 내용은 학생들이 꼭 알았으면 하는 중요한 내용일 것이다. 굳이 선생님이 그런 말을 하지 않더라도 들으며 중요한 내용을 책이나 공책에 쓰는 학생들도 많이 있다. 그런데 왜 쓸까? 듣기만 하기보다 쓰는 것이 더 기억하는 데 도움을 주기 때문이다. 이것이 듣기의 두 번째 단계인 '쓰면서 듣기'이다.

선생님들이 수업을 할 때 혼자서만 말하지는 않는다. 계속 학생들에게 이것저것 질문을 하고 학생들은 대답을 한다. 모두가 그런 것은 아니지만 보통 대답을 잘하는 학생들이 공부도 잘한다. 선생님의 질문에 대답한다는 것은 수업에 집중하고 있다는 것이기 때문이다. 이게 듣기의 세 번째 단계인 '대답하며 듣기'이다.

마지막으로, 수업을 하다 보면 이것저것 질문하기를 좋아하는 친구들이 있다. 가끔 엉뚱한 질문을 하는 친구들도 있지만, 수업에 연관된

질문을 하는 학생들은 어떻게 들을까? 당연히 집중하며 듣는다. 그러다가 머릿속에서 '어, 왜 그렇지?', '정말 그런가?', '어, 저건 내가 책에서 본 거랑 다른데' 하며 질문을 한다. 말을 들으면서 끊임없이 생각할 수 있어야 질문할 수 있다. 질문을 하려면 듣기의 네 번째 단계인 '생각하면서 듣기'가 일어나야 하는데, 이것은 굉장히 높은 수준의 듣기이며 학습 효과도 탁월하다.

우리 반은 3월 초에 반 학생들에게 듣기의 네 단계를 꼭 알려 주고 한 주 정도 칠판에 써 둔다. 그리고 수업 중간중간 자주 묻는다.

"여러분은 지금 몇 단계의 듣기를 하고 있나요?"

토론에서는 모든 듣기가 일어난다

토론에서는 앞에 설명한 네 단계의 듣기가 한꺼번에 일어나며, 네 가지 듣기가 모두 필요하다. 그래서 토론이 좋다고 하는 것이다. 토론은 상대방이 하는 말을 메모하며 들어야 한다. 그러지 않으면 상대가 내세우는 주장, 근거, 자료를 기억하기 힘들다. 그 많은 이야기를 귀 기울여 듣는다고 다 기억할 수 없기 때문에 쓰며 듣는 것이 기본이다. 상대가 하는 주장과 근거를 쓰고, 우리 편이 할 반박과 질문을 생각하며 써 두어야 한다.

상대 질문에 제대로 대답도 해야 하고 상대편이 하는 말을 듣고서 질문도 해야 한다. 더 나아가 상대편의 주장에 반박도 해야 하는데, 그러려면 들으며 계속 생각하지 않을 수 없다. 그래서 토론에서 가장 높은 수준의 듣기가 일어난다고 흔히 말한다.

토론을 마친 학생들이 긴 한숨을 쉬는 모습을 가끔 본다. 토론으로 계속 긴장했던 마음이 풀려 그렇다. 또 엎드려 숨을 고르는 학생도 보이는데, 심한 운동을 마친 것마냥 피곤해서 쉬는 모습이다. 쉼 없이 집중해서 듣고 말하니 힘들 수밖에 없는 것이 토론이다.

■ 듣기를 향상시키는 복습장

우리 참사랑땀반에서는 보통 때 '삶'이라는 이름으로 복습장을 쓰고 있다. 이 복습장을 쓰면서 수업 듣는 모습이 참 많이 좋아졌다. 그날 하루 학교에서 공부한 내용을 빠짐없이 적는 '삶'이라는 복습장을 날마다 숙제로 집에서 하게끔 한다. 참사랑땀반 복습장은 줄이 없는 연습장에 생각그물(마인드맵)로 그날 하루 모습을 채우는데, 복습장을 적게 하니 학생들의 듣는 모습이 달라졌다. 집에서 수업 내용을 기록하려면 집중해서 들을 수밖에 없기 때문이다. 선생님을 보며 수업을 듣는 것은 당연하고 여러 학생들이 공책과 별개로 수첩을 준비해서 수업 시간에 메모를 한다. 수업 내용을 하나하나 자세하게 적는데 잠시 들은 것을 놓치면 짝이나 선생님에게 물어서 적기까지 한다. 복습장 끝에는 오늘 배운 것에서 중요한 낱말 셋을 쓰고, 문제도 하나

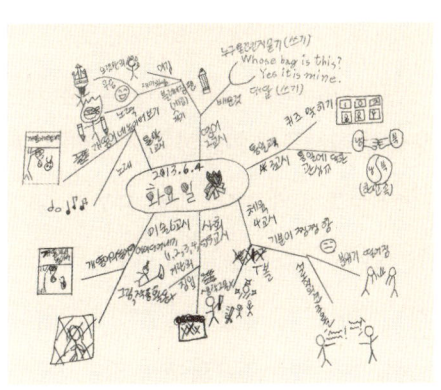

만들어 보도록 하였다. 선생님의 설명을 단지 기록하는 것에서 조금 더 나아가 자기가 생각하고 판단하여 중요 낱말을 찾고, 배운 내용으로 문제를 만들어 보도록 한 것이다.

말하기 능력을 키운다

토론은 처음부터 끝까지 말로 이루어지는 과정이다. 상대에게 자기주장을 말하고, 질문하고, 질문에 대답해야 한다. 그러니 제대로 말하는 것이 토론에서는 기본이며 그만큼 중요하다. '우리아이토론'에서 아들 희문이가 처음 토론할 때, 자기주장을 말하는데 침 넘어가는 소리가 계속 났다. 말도 제대로 하지 못했다. 집에서는 볼 수 없었던  모습이라 놀랐는데, 두 달이 지나니 그 증상이 사라졌다. 그 뒤로는 토론에서 자기 힘껏 말하고 있다. 남들 앞에서 자기주장을 말해 본 경험이 없었기 때문이지 싶다.

여러 사람 앞에서 말할 기회를 준다

처음 학생들에게 토론을 시키면 학생에 따라 말하는 것이 차이가 많다는 것을 알게 된다. 어떤 학생은 자기가 아는 것을 아무 자료도 없이 잘 말한다. 또 어떤 학생은 다른 사람들 앞에 서면 주눅이 들어 말하기를 두려워한다. 이런 학생들에게는 말하는 기회를 많이 줘야 한다. 교실에서 학생들이 남들 앞에서 말할 수 있는 기회가 한 해에 몇 번이나 있었는지 한번 돌아보자. 아마 대부분은 그럴 기회가 없거나 있어도 많지 않을 것이다. 무엇이든 기회가 많을수록 잘하는 법인데, 그럴 기회가 없으니 말하는 것을 두려워하는 것이 당연하다. 그런 의미에서 토론은 학생들에게 말하는 기회를 주는 좋은 방법이다.

■ **참사랑땀반에서 실천하는 말하기 시간**

① 주말 이야기 나누기

월요일 아침에 학급 모두가 함께 이야기를 나눈다. "5분 뒤에 주말 이야기 나눌게요" 하며 미리 준비하도록 알리고, "자, 주말 이야기 나눕시다" 하면 학생들은 교실 가운데를 보고 자리를 돌려 앉는다. 진행자가 "지금부터 주말 이야기를 하겠습니다. 발표하실 분은 손을 들고 발표해 주세요" 하면, 앉은 채로 주말에 있었던 이야기를 스스럼없이 말한다.

② 모둠 연극 발표

많은 교사들이 연극 단원이 아니면 연극하기를 꺼려하는데, 연극을 어려운 눈으로 볼 필요가 없다. 참사랑땀반은 학기에 한 번 모둠 연극을 하는데, 1학기에는 교실에 있

는 학급문고나 집에서 가져온 책으로 교과 수업과 연계하여 연극을 하게 한다. 1학기에 책으로 했다면, 2학기에는 연극 소재를 자유롭게 정하도록 한다. 자유 주제로 하면 인터넷과 게임의 영향 때문인지 자극이 큰 엽기나 죽이는 장면을 많이 다루려고 할 수 있으니 미리 안내하고 확인해 연극 내용에 신경 쓰도록 한다. 1학기에는 우리 반 친구 앞에서만 발표하고, 2학기에는 학예회로 학부모 앞에서 발표하기도 한다.

③ 학예회

학기에 한 번 교실에서 작은 학예회를 열어 하고픈 것을 하도록 한다. 무엇을 하든 관여하지 않는다. 1학기 학예회를 할 때는 준비할 시간도 많이 주지 않고서 무대 경험을 쌓는 시간으로 삼는다. 그래도 학생들은 열심히 준비하고 작은 무대지만 긴장하는 모습을 보인다. 2학기에는 무대도 꾸미고 부모님도 모셔서 잔치를 벌인다.

아는 만큼 말할 수 있다

간혹 토론을 어릴 때부터 하면 말만 잘하는 아이로 자랄 수 있다고 걱정하는 말을 듣는다. 학생들과 토론해 봐도 이 걱정이 완전히 틀린 말은 아닌 것 같다. 말을 잘하는 학생이 토론을 잘하는 것처럼 보이기 때문이다. 하지만 말만 잘하는 것이 토론은 아니다. 토론을 많이 할수록 말만 잘해서는 안 된다는 것을 알게 된다. 토론에서는 주장에 속살이 있어야 한다는 것, 즉 '아는 만큼 말할 수 있다'는 것을 깨닫게 된다.

자료 없이는 토론할 수 없다. 또 토론에서는 말만 잘하는 게 아니라 논리를 제대로 펼 수 있어야 한다. 토론에서 가끔 자기도 모르는 어려운 말을 하는 학생들도 있지만, 말을 어렵게 한다는 것은 그 내용을 제대로 알지 못한 경우가 많다. 오히려 토론할 줄 아는 학생들은 쉬운 말로, 자기가 이해한 말로 말한다.

버릇없음과 당당함은 다르다

토론에서 또 다른 오해가 버릇이 없어진다는 것이다. 토론은 내 주장을 내세우고 상대 주장에 맞선다. 여기에 익숙하니 어른들이 하는 말에도 주장이 다르면 내 주장을 펴고 반론도 편다. 이런 모습에 익숙하지 않은 어른들 눈에는 버릇없이 보일 수밖에 없다. 그렇지만 토론하는 처지에서 보면 그건 당당한 모습이다. 학생들이 하는 말이 맞다면 그 말을 인정하고 격려하며 그 말을 들으려 애쓰는 것이 오히려 어른들이 보여야 할 모습이다.

반론에 익숙하지 않은 모습은 사회에서도 흔히 볼 수 있다. 직원회의에서 부장님이 자기 의견을 냈는데 그 의견과 생각이 달라 다른 의견을 말한 적이 있다. 그렇게 여러 선생님들과 함께 이야기를 나누며 회의를 마쳤는데, 그 부장님이 나에게 "혹시 저에게 불만 있어요?" 하며 물었던 적이 있다. 나는 그 부장님께 불만이 없었고 단지 그 부장님이 제안한 내용이 내 생각과 달라 의견을 말했을 뿐이다. 그런데 사실 나 또한 다른 사람이 내 의견에 반론을 제기하면 당황하기는 마찬가지다. 어릴 때부터 토론에 대한 경험이 없기 때문이다.

돈독한 관계를 맺으려고 한다

토론에서 논리가 있어도 다른 사람을 설득할 수 없는 경우도 많다. 사람을 설득하는 데 말보다 더 중요한 것이 있기 때문이다. 여러 까닭이 있겠지만 그 가운데 하나로 말하는 사람이 누구인가가 많은 영향을 준다. 반 학생 하나가 어린이 회의 시간에 "우리 반 학생들이 요즘 복도에서 많이 뜁니다" 하며 건의를 했다. 이 말이 끝나자 다른 친구가 손을 들고 "제가 보기에 지금 그 이야기를 하는 ○○가 다른 학생들보다 더 많이 뛰는 것 같습니다" 하고 한마디하자 건의했던 ○○가 아무 말도 할 수 없었다. 이렇듯 말보다는 삶으로 설득할 수 있어야 한다. 토론이 모든 것의 정답은 아니며 삶에서는 말보다 '사람'이 더 중요하다.

말에서 '누가'는 매우 중요하기 때문에 평소 사람과의 만남, 관계, 소통이 원활하고 신뢰가 있어야 한다. 이것을 바탕으로 상대를 설득할 때 설득은 더 큰 힘을 갖는다. 교사가 학생들에게 일기가 참 좋은 것이라고 말하려면 교사 먼저 일기 쓰는 모습을 보일 때 그 말이 힘을 갖게 되는 것이다. 대화에서 시각과 청각적 이미지가 중요하다는 커뮤니케이션 이론인 메라비언의 법칙도 말하는 사람이 중요하다는 것을 보여준다. 메라비언의 법칙은 의사소통에서 내용(언어)은 7%, 누가 했느냐(시각)는 55%, 어떻게 말했느냐(청각)는 38% 영향력을 갖는다고 한다.

• 좋은 느낌을 주는 여섯 가지 방법

자신의 주장에 힘을 더하고 싶다면 평소 다른 사람과의 관계를 돈독히 할 필요가 있다. 나는 3월에 학생들에게 '만남'을 주제로 사람이 다른 사람에게 좋은 느낌을 남기기 위해 꼭 필요한 여섯 가지(SOFTEN)를 알려 준다.

- 웃음(Smile)
- 열린 몸짓(Open gesture)
- 앞으로 기울이기(Forward leaning)
- 접촉(Touch)
- 눈길 나누기(Eye contact)
- 끄덕이기(Nodding)

나에게 웃음은 늘 자신 없는 약점이었다. 까만 얼굴에 눈 밑 흉터, 무엇보다 웃지 않는 얼굴 때문에 '조폭'이니 '깡패'같이 생겼다는 소리를 수도 없이 들었다. 첫 발령을 받고 양복을 입고  학교에 갔더니 학생들이 하나같이 무섭다며 나를 피하고 말을 걸지 못했다. 그때부터 나는 어디에서건 거울만 보이면 웃는 연습을 했다. 학생들 앞에서도 일부러 웃는 얼굴을 만들어 보였다. 그렇게 10년이 지나서야 "참 잘 웃으시네요" 하는 말과 "저 선생님 착하시다"며 자기들끼리 이야기하는 소리를 가끔 듣게 되었다. 웃음도 노력하면 그만큼 좋아질 수 있다.

접촉은 본능에 따라 친해지는 방법이라고 생각한다. 남교사인 나는 남학생들과 친해지는 방법으로 자주 접촉하려고 한다. 6학년을 여러 해 맡으면서 여자 선생님들이 남학생들을 이해할 수 없다며 힘들어하는 것을 자주 본다. 그와 달리 나는 남학생들이 참 대하기 편하고 쉽다. 그 까닭 가운데 하나가 '접촉'이라고 본다. 남학생들끼리 분위기가 좋지 않거나 말이 거칠어지면 함께 축구나 농구를 한다. 운동할 때 일부러 반칙으로 발을 차거나 붙잡는데, 그러면 당한 아이도 똑같이 한다. 몸으로 부딪히며 함께 웃고, 운동을 마치고 들어오는 길에 수돗가에서 물장난을 하거나 화장실에서 웃옷을 벗고 등목을 하면서 장난을 치면 아이들과 쉬이 하나가 된다. 모두 접촉이 주는 힘이다.

■ 여러 사람 앞에서 말을 잘 하려면

내가 하고픈 말을 제대로 할 수 있어야 한다. 아무리 논리를 잘 갖춰 준비했더라도 제대로 말하지 않으면 상대를 설득할 수 없다. 여러 사람 앞에서 말을 하려니 떨려서 잘 나오지 않을 때는 다음과 같이 하면 좋다.

① 몸을 충분히 풀어 준다.

남들 앞에서는 누구나 긴장하여 몸이 경직된다. 그것을 풀어 줄 수 있도록 어깨를 돌리고 입을 크게 벌리며, 머리부터 발끝까지 몸을 풀어 주면 도움이 된다. 남들 앞에 서면 어깨를 쫙 펴고 당당하게 서서 말하도록 한다.

② 당당한 모습에 큰 소리로 시작한다.

듣는 사람들은 그 사람의 말도 듣지만, 그 사람의 표정도 살핀다. 말하는 사람에게서 자신감이 묻어나면 그 내용이 더 잘 들린다. 그러니 처음 하는 말을 크게 하면 좋다. 크게 말한다는 것은 얼마나 큰 소리를 말할까? 내가 말하는 소리가 가장 뒤에 있는 사람도 잘 들릴 수 있는 정도의 크기를 말한다.

③ 쉬운 말로 한다.

편안하게 쉬운 말로 한다. 앞에서 너무 어려운 말을 쓰면 듣는 사람들이 힘들어한다. 말하는 사람도, 듣는 사람도 쉬운 우리말이 좋다. 그러려면 말하는 내용을 잘 알고 있어야 한다.

스스로 자료를 찾는다

토론에서 자주 하는 말이 있다. '아는 만큼 들린다', '아는 만큼 말할 수 있다'는 것이다. 듣고서 이해하려면, 제대로 말하려면 그만큼 내용을 알아야 한다. 내용을 모르면 들리지 않고, 모르고서는 내용을 말로 풀어 낼 수 없다.

여기서 안다는 것은 토론할 주제와 관련 내용을 제대로 안다는 뜻이다. 주장과 근거에 알맞은 자료를 충분히 알고 있어야 하는데, 그러려면 논제를 분석하고 자기주장을 정하고 주장과 관련한 근거를 세우고 근거에 알맞은 자료를 찾아야 한다. 관련 자료를 읽고 자기 것으로 만들어야 한다. 보통 때 책을 많이 읽은 학생들이 토론에서 자기주장을 잘 세울 수 있는 까닭이 여기에 있다.

토론 자료를 찾기 위해서 학생들이 읽는 자료에는 책이나 신문 기사,

전문가의 의견, 관련 누리집이 있다. 토론 준비를 위해 학생들은 이곳저곳에서 자료를 찾는데, 학생들이 가장 많이 기대는 곳이 인터넷이다. 보통 토론에 익숙하지 않은 학생들은 인터넷을 검색해 다른 사람이 써 놓은 글을 그대로 복사해서 가져오곤 한다. 그런데 그렇게 해서는 제대로 주장을 펼 수 없다. 남의 글을 가져오니 제대로 말하지 못하고, 읽기에 급급해한다. 신기하게도 남이 쓴 주장을 읽는 것은 표가 나서 이렇게 읽기만 급급해서는 다른 사람을 설득할 수 없다. 이밖에도 신문이나 책 같은 자료를 참고하고 그것을 활용하지만, 다른 사람이 쓴 것을 그대로 가져오는 것과 여러 자료를 살펴 그것을 일부분 참고하는 것은 완전히 다르다.

　토론 자료 찾기를 어려워하거나 인터넷에서 그대로 복사해서 가져오는 학생들에게 자료 조사 방법을 미리 알려 줄 필요가 있다. 교사가 토론에 필요한 관련 자료를 준비해 보여준다. 토론 주제와 관련해 찬성과 반대가 드러난 신문 기사나 글을 복사해서 학생들에게 나누어 주고 그 글을 함께 본다. "자, 여기에서 찬성은 어떤 이야기를 하고 있나요?" 하며 함께 찬성과 반대 내용을 살펴본다.

　교실에서는 학생 수가 많아서 이렇게 함께 보기가 힘이 들므로 학급 누리집을 활용한다. 학급 누리집에 관련 신문 기사나 관련 누리집을 연결(링크)해 두고 학생들이 집에서 그것을 참고하며 조사할 수 있도록 한다. 이때 집에서 컴퓨터 활용이 어려운 학

생을 위해 학교 컴퓨터를 쓸 수 있도록 배려한다. 이렇게 몇 번 하면 스스로 자료를 찾는 힘이 생긴다. 이렇게 힘이 생기고 나면 도움 자료를 주지 않아도 스스로 자료를 찾아 활용할 수 있다.

자료를 분석하는 힘이 생긴다

논제와 관련한 자료를 찾았다면 그 자료를 근거로 적절하게 묶을 수 있어야 한다. 사실 이 과정은 그리 쉬운 일이 아니다. 어른들도 쉽지 않은 일을 초등학생들이 제대로 하기는 더욱이 힘이 든다. 학생들 수준 차이에 따라 조사 단계부터 헤매는 학생들도 많기 때문에 여럿이 함께 하는 방법도 좋다. 학생들 수준을 고려해 자료 조사 없이 경험만 가지고 토론할 수 있는 논제도 적절하게 제시할 필요가 있다.

처음 토론하는 학생들이나 조사, 분석 능력이 모자라는 학생들은 관련 자료를 주어도 제대로 분석하는 것을 어려워한다. 이럴 때는 학생들에게 토론 자료를 알려 주기만 할 것이 아니라 함께 분석하는 시간을 가질 필요가 있다. 논제와 관련하여 찬성과 반대가 드러난 신문 기사를 인쇄해서 나누어 살피면 좋지만, 학생 수가 많은 교실 상황에서는 쉽지 않은데 그럴 때 컴퓨터를 활용하면 좋다. 컴퓨터실에서 제시한 자료를 짝 또는 모둠이 함께 분석해서 자기들 주장의 근거와 자료로 삼는 연습을 한다. 조사와 분석을 정말 힘들어하는 학생들은 다른 학생들이 하는 것을 따라하도록 한다. 이렇게 친구가 하는 모습을 따라하다가 어느 정도 시간이 지나면 스스로 할 수 있게 된다.

쓰기 능력이 늘어난다

토론에서는 보통 두 가지 글을 쓰는데 논설문과 감상문이다. 논설문은 토론을 시작할 때 펴는 주장글(입안)이고, 감상문은 토론을 마칠 때 쓰는 글이다. 참사랑땀반은 토론을 마치며 감상문을 한두 줄로 간단하게 쓴다. 토론에서 주장을 펴는 것을 입안이라고 하는데, 입안은 글(논설문)로 미리 써서 토론에 참가하는 것이 보통이다. 입안에 대한 자세한 설명은 3강 '토론의 요소'에서 살피겠다.

비판적 사고가 생긴다

토론에서는 상대가 하는 주장(상대가 모두 자기주장이 옳다는 전제로 말을 한다)과 근거, 관련 자료를 들으며 질문과 반론을 준비해야 한다. 그러니 상대 주장이 옳고 그른지 판단해서 밝혀내야만 한다. 토론과 비판적 사고는 떼려야 뗄 수 없는 관계에 있다.

비판적 사고에서 '비판'이란 말을 자칫 좋지 않은 뜻으로 생각하기 쉽다. 아마도 '남의 잘못이나 결점을 책잡아서 나쁘게 말함'(표준국어대사전)을 일컫는 '비난'과 같은 뜻으로 받아들이기 때문일 것이다. 비판의 의미는 '사물의 옳고 그름을 가리어 판단하거나 밝힘'이다. 따라서 '비판적 사고'란 어떤 사물의 옳고 그름을 가리어 판단하고 밝히는 생각이다. 설명으로 들으면 어렵게 느껴질 수 있으나 간단하게 생각하면 '저게 참이라고 말하는데 왜 참이지? 진짜 참일까?' 하는 생각이라고 할 수 있다.

비판적 사고가 살아가는 데에 왜 필요할까? 기성세대 대부분은 정답이 하나라고 배워 왔다. '무엇은 무엇이다' 하고 외웠기 때문에 '정말 그럴까?' 하고 생각할 필요도 없었고, 생각해서는 답을 쓸 수 없었다. 그렇지만 세상에는 정답이 하나밖에 없는 경우가 극히 드물다. '무엇은 무엇인가?'에 '예'와 '아니오'가 모두 있고, 그것을 하나하나 따져 자기 나름의 판단을 기준으로 자기 생각으로 만드는 과정이 곧 토론이다.

의사소통 능력이 커진다

'의사소통'이란 '가지고 있는 생각이나 뜻이 서로 통함'(표준국어대사전)을 뜻한다. 내가 갖고 있는 생각을 다른 사람에게 제대로 전달하는 힘은 더불어 살아가는 사회에서 갖춰야 할 능력 가운데 하나다. 토론은 자기주장을 말하고, 상대 주장을 듣고, 상대 주장에 묻거나 반론을 제기하는 과정의 반복으로, 내가 가진 생각이나 뜻을 상대가 알아들을 수 있는 말과 표정, 몸짓으로 제대로 전달해야 하기 때문에 의사소통 능력이 늘어난다.

민주시민 의식이 생긴다

우리가 민주사회의 주인으로서 삶을 살려면 민주사회에서 시민으로 가져야 할 생각 양식인 '민주시민 의식'이 필요하다. 민주시민 의식에 가장 필요한 덕목은 '참여, 소통, 배려'를 들 수 있다.

민주시민은 사회 현상에 참여하며 내 목소리를 낼 수 있어야 한다. 사회에서 일어나는 일에 주인으로서 판단하며 그것을 지키기 위해, 때로는 바꾸기 위해 참여해야 한다. '참여'의 가장 기본이 내 의견을 제대로 나타내는 것이다. 또한 민주사회에서는 '소통'이 필요하다. 우리 사회는 '소통'이 많이 모자라는 게 사실이다. 나와 뜻이 같지 않으면 담을 쌓는 모습을 흔히 볼 수 있는데, 그래서는 사회 발전을 기대하기 힘들다. 생각이 다를 때는 토론하고, 문제가 생겼을 때는 토의하며 문제를 함께 풀어야 한다. 다른 사람을 '배려'할 수도 있어야 한다. 토론에서는 내 주장을 내세우는 만큼 다른 사람의 주장도 제대로 들어야 한다. 토의에서는 내 의견이 관철되지 않더라도 다른 사람의 의견을 받아들일 수 있어야 한다. 상대를 존중하고 인정하는 마음이 상대를 '배려'하는 시작이다.

토론의 원칙

합리성의 원칙

"희문아, 너 왜 학교에서 하라는 복습장을 하지 않니?"
"복습장 할 시간이 없어요."
"왜?"
"수업 마치고 학원 가야 하고, 학원에서는 숙제를 많이 내주거든요."
"그래? 그래도 복습하는 버릇은 들이는 게 좋아."
"네. 노력해 볼게요."

선생님이 학생이 자기 의견을 내세울 기회와 시간을 주며 이야기를 나누는 위의 경우도 토론 상황이라고 볼 수 있다. 토론은 논제에 찬성과 반대로 나눈 두 편이 서로 상대를 이기기 위해 논리를 펼치는 시합이다. 축구나 야구 같은 시합과 마찬가지로 토론에서는 서로 기회와 시간을 균등하게 갖는 것이 기본이다. 시합에서는 규칙이 제대로 지켜져야 한다. 그리고 그 규칙은 참가하는 팀에 똑같이 적용되어야 한다.

"선생님, 이 논제는 찬성편이 유리한 것 같아요. 바꿔서 해요."

'공부학원에 가야한다'는 논제로 토론하는데 학급 전체 토론에서 반대편이 지더니 억울하다며 찬성과 반대를 바꿔서 하자고 하였다. 스스로 토론을 더 하자고 하니 이끄는 나도 기분이 좋아서 흔쾌히 찬성과 반대를 바꿔서 한 시간 더 토론하였다. 반대편이라 졌다던 학생들이 찬성에서도 또 졌다. 찬성과 반대에 따라 유리한 논제가 있기는 하지만, 논리의 싸움이라 찬성과 반대 요인보다 더 많은 다른 요인으로 승패가 결정되기 때문이다. 그렇지만 학생들의 이런 요구를 받아 주며 토론을 이끄는 것이 학생들 불만을 줄여 오랫동안 토론할 수 있는 비결이다.

유연성의 원칙

토론에서 유연하다는 것은 사고(생각)의 유연성을 말한다. 유연하다는 것은 경직되지 않고 부드럽다는 뜻이다. 즉, 토론하며 생각이 경직되지 않고 부드러워질 수 있도록 해야 한다는 원칙이다.

토론 한 판으로 생각이 바뀔 수도 있다. 서울 토론 모임에서 토론의 형식을 익히기 위해 토론 실습으로, '우유에 제티를 타 먹어도 된다'를 토론했다. 치열한 토론을 마치고서 뒤풀이로 밥을 먹는데, 찬성편이었던 교육 경력 20년인 선생님이 "토론이 자칫 위험할 것 같아요. 사실 전 선생으로 살면서 지금까지 우유에 제티를 타 먹으면 안 된다고 생각했어요. 그런데 오늘 찬성편에서 5분 남짓 준비하고, 40분 토론하니 우유에 제티를 타 먹어도 괜찮다는 생각이 들었어요. 토론, 자칫하면 굉장히 위험할 것 같아요" 하였다. 그 선생님처럼 토론으로 자기 생각이 바뀌는 학생들을 많이 경험했다.

 이렇게 자신이 옳다, 혹은 그르다고 믿었던 것들이 짧은 토론을 통해서도 생각이 바뀌는 경우가 흔하다. 그만큼 자신의 생각을 무조건 확신하는 것은 위험하다. 흔히 의견 충돌이 생길 때 "내 생각이 옳아", "네 생각은 옳지 않아" 말하곤 하는데, 자기 것만 옳다고 하는 것은 싸움이지 토론이라고 할 수 없다. 토론에서는 내 것만 옳은 것이 아니라, 모두가 자기 생각이 있다는 것을 전제로 한다.

  선생님 우리 기말고사를 보았는데 시험에 대해 어떻게 생각하니?
  수민 전 배운 것을 정리할 수 있어서 시험이 필요하다고 생각해요.
  희문 전 생각이 달라요. 학생들이 시험으로 스트레스를 너무 심하게 받아요. 저는 학교에서 시험이 없어야 한다고 봐요.

 수민이와 희문이 의견 중에서 누구의 말이 더 와 닿는가? 시험이 있어야 배운 것을 정리할 수 있다는 수민과 시험으로 학생들 스트레스가 심하다는 희문의 말에 잘못된 곳은 없다. 둘 모두 주장과 근거가 적절하다. 누구도 틀린 것이 아니라 서로 주장이 다른 것이다. 이렇게 토론에서는 서로의 주장이 틀렸다고 말하지 않고 다르다고 해야 한다. 그래서 찬성과 반대, 모두를 살펴야 한다.

> **선생님** 자, 그럼 '초등학생에게 시험이 필요하다'로 토론할 테니 자료를 찾아보세요.
> **수민** 그럼 전 시험이 필요하다는 찬성을 준비할게요.
> **희문** 저는 시험이 없어야 한다는 편이요.
> **선생님** 둘에게 미안하지만 찬성과 반대 모두 준비하도록 하세요.

선생님은 수민과 희문에게 하고 싶은 것이 있는데도 찬성과 반대를 모두 찾게 했다. 찬성과 반대를 모두 알아보면 논제에 대한 자기 생각을 더 부드럽고 다양하게 할 수 있기 때문이다. 토론에서 찬성과 반대는 모두 나름의 근거가 있고 어느 쪽이든 틀린 것은 아니라고 하였다. 찬성과 반대를 모두 준비하고 토론할 필요가 있다. 토론은 이렇게 서로의 주장이 다르더라도 그 주장과 근거를 모두 살펴볼 가치가 있다는 것에서 시작한다.

토론 대회를 한 번 살펴보자. 토론 대회에 참가하는 학생들은 찬성과 반대를 모두 준비해야 한다. 심판이 동전을 던져서 찬성과 반대를 결정하는데, 토론 참가자는 찬성과 반대 어느 쪽에서건 토론할 수 있어야 한다. 또 실제 토론해 보면 찬성과 반대를 모두 알고 있어야 훨씬 질 높은 토론이 가능하다.

어느 한쪽만 준비를 했을 경우 토론이 실패할 수 있다. 한 교사는 초등학교 3학년 학생들과 빼빼로데이로 다음과 같이 토론을 진행하였다.

"여러분, 우리 빼빼로데이로 토론할 건데요. 교실에서 빼빼로데이 해야 한다고 생각하는 사람?" 하니 몇몇 학생들이 손을 들었다. "네, 자료 준비하세요. 그럼, 교실에서 하지 말아야 한다고 생각하는 사람?" 하니 또 다른 학생들이 손을 들었다. "그래요. 이 사람들은 그 자료를 준비하세요". 이렇게 준비 시간을 주고 한 주 뒤에 토론하였다. 토론은 참 치열했는데 문제는 토론을 마치고서도 서로 다투는 모습을 보였다고 한다. 자기가 토론하기 전부터 가지고 있던 생각으로 자료를 준비하고, 준비한 자료로 토론까지 하면서 기존에 가지고 있던 생각이 더 단단해져 무조건 자기가 옳다는 생각으로 굳은 탓이었다.

교실토론에서는 찬성과 반대를 모두 경험하도록 하는 게 좋다. 토론 준비 때부터 학생들에게 찬성과 반대를 모두 준비하도록 하여 그 과정에서 생각을 넓고 깊게 할 수 있도록 한다. "선생님, 학원 가니 시간이 없어요", "선생님, 찬성과 반대 모두 준비하려니 너무 힘들어요" 하며 학생들이 볼멘소리를 할 수 있다. 그럴 때는 찬성과 반대에서 하나만 준비하도록 한다. 찬성으로 준비해 토론한 학생들에게 그다음 시간에 반대로 토론하게 한다. 그러면 찬성과 반대를 모두 경험할 수 있다. 이렇게 진행하면 보통 첫 주보다 둘째 주에 더 치열한 토론이 이루어진다. 토론에서는 우리 편의 주장과 근거, 자료만 알아서는 상대를 제대로 공략할 수 없는데, 둘째 판에서는 상대의 주장, 근거, 관련 자료를 알고 토론하기 때문에 훨씬 더 토론이 치열해진다. 그래서 되도록 처음부터 찬성과 반대를 준비하는 게 좋다.

역동성의 원칙

"자료를 잘 준비해서 이기고 싶습니다."

"목소리를 더 크게 해서 우리 편이 이기도록 하겠습니다."
"다음번에는 교차질의에서 말꼬리만 잡지 않도록 하겠습니다."

어느 단체에서 주관하는 어린이 토론 캠프를 진행할 때, 둘째 날 토론을 마치며 학생들이 한 말이다. 토론을 다섯 번 하는데 두 번째 토론부터 학생들이 이렇게 치열했다. 여기에서 학생들이 말한 '자료', '목소리', '교차질의에서 말꼬리'는 판정을 내리며 심판이 다듬으면 좋겠다고 한 내용이었다. 즉, 토론에서 자기들이 모자란 점을 보완해서 다음 토론에서는 이기고 싶다는 것이다. 이렇듯 학생들은 토론의 승패에 관심이 많은 게 사실이다.

토론은 승패를 따진다. 토론의 진행 과정을 여러 항목으로 따져 찬성과 반대 중에서 누가 이겼는지 꼭 따지기 때문에 토론에 참가하는 사람들은 이기기 위해 열심히 참여하기 마련이다. 토론에서 자기의 주장을 제대로 펴지 못하고 상대의 주장을 받기만 해서는 이길 수 없다. 그러니 준비에서 토론까지 자기주장을 적극 펼쳐야 한다.

역동성의 원칙이 가장 잘 지켜지는 곳은 토론 대회다. 대회이니 상대를 이겨야만 좋은 결과를 얻을 수 있기 때문이다. 그러나 우리가 토론하는 공간은 대회장이 아닌 교실이다. 교실에서 하는 토론은 승패를 따지는 것에 신중하고 주의를 기울여야 한다. 토론으로 승패를 따질 때는 교실에서 토론을 자주 할 때로 한정하고, 꾸준하게 하지 못한다면 굳이 승패를 따지지 않았으면 한다. 왜냐하면 열심히 준비하고 참가했는데 패하고서 기분이 좋은 사람은 없기 때문이다.

한두 번의 토론에서 평가의 여러 항목을 제대로 하기는 힘들다. 그러니 많이 노력해도 질 수밖에 없는 상황이 꼭 있기 마련인데, 목소리가 작거나 말을 더듬는 버릇이 있거나 자신감이 부족한 학생들은 토론 준비를 많이 해도 토론에서 질 수 있다. 이런 경험은 학생들에게 상처를 주어 토론에 좋은 느낌을 갖지 못하게 막는다.

토론은 많이 하는 것이 좋다. 토론 기회가 잦을 때는 평가가 갖는 장점으로 학생들의 성장을 이끌 수 있다. 판정으로 학생들의 행동과 모습의 변화를 끌어낼 수 있다.

우리아이토론에 뒤늦게 합류한 몇 학생이 있었는데, 처음 토론에서 짝다리에 웃옷을 풀어헤치고 있었다. 판정하며 그 점을 지적하며 "○○야, 토론 때 옷을 그렇게 입고서 말하니 네 주장이 들리지 않아. 옷을 바로 입고, 바른 자세로 서면 좋겠어" 하며 그 편이 졌다고 하였다. 한 주 뒤에 그 학생은 옷을 바르게 입고 바른 자세로 토론에 참가하였다.

학급 전체 토론에서 집중하며 듣는 모습이 잘 되지 않아, "오늘은 논리나 목소리, 참가자 수는 양쪽이 비슷한 것 같아요. 그런데 듣는 면에서 반대가 훨씬 잘한 것 같아요. 반대는 대부분이 상대 주장을 글로 쓰며 집중해 듣는데, 찬성은 기록하며 듣는 모습이 적게 보인 것 같아요. 그래서 오늘은 반대가 이긴 걸로 할게요" 하며 듣는 태도로 판정하였다. 이렇게 판정하니 다음 시간에는 듣는 태도가 완전히 달라져 있었다.

이런 모습의 바탕에는 이기고 싶은 마음이 담겨 있다. 이런 노력은 이기기 위한 것이라 한 번에 그치고 말지만 주마다, 또는 더 자주 토론하면 이런 노력이 쌓이고 쌓여 진짜 모습으로 자리매김할 수 있다. 토론을 자주 하면 좋은 까닭 가운데 하나다.

　토론할 때면 교실이 후끈 달아오른다. 참사랑땀반 학생들에게 설문조사를 해보니 전체 34명 가운데 '재미있다'는 학생이 25명이다. '재미없다'는 학생은 남녀 모두 더해 한 명밖에 없었다. 그 까닭으로 '논쟁이 치열해서'를 가장 많이 뽑았다. 가끔 토의와 토론 중에서 어떤 것으로 할까 하고 학생들에게 물으면 토론으로 하자고 대답하는데, 치열한 논쟁을 학생들이 즐긴다는 것을 알 수 있다.

■ 학생 만족도 조사 결과 (남 16명, 여 18명 / 2010년 12월 1일)

1. 토론 선호도(물음 : 토론이 재미있나요?)

	재미있다		별로다		재미없다	
	남	여	남	여	남	여
학생 수	11	14	4	4	1	0
	25		8		1	

2. 토론이 재미있는 까닭(1번 문항에서 '재미있다'는 응답자만 응답_복수 가능)

	내 생각을 말할 수 있어서		논쟁(말로 싸우기)이 치열해서		다른 생각을 들을 수 있어서	
	남	여	남	여	남	여
학생 수	1	4	11	9	1	2
	5		20		3	

토론의 윤리

상대를 존중한다

우리아이토론에서 '일기를 선생님에게 보여야 한다'는 논제로 토론하는데, 반대인 학생이 이런 질문을 하였다.

"반대편의 ○○ 토론자는 오늘도 선생님에게 일기로 꾸지람을 듣지 않았습니까? 그러면서도 일기를 보여줘야 한다고 생각하십니까?"

순간 ○○ 학생은 멈칫하며 얼굴을 붉히고는 토론을 더 끌어 가지 못했다. 물론 이 질문을 한 학생이 틀린 말을 한 것은 아니지만 상대방의 약점, 그것도 밝히고 싶지 않은 사실을 드러내어 공격하는 것은 아름답게 보이지 않는다.

토론의 윤리는 토론 참가자로서 마땅히 행하거나 지켜야 할 도리다. 토론은 혼자서 하는 것이 아니라 상대가 있으니 마땅히 지켜야 할 도리가 있다. 앞서 살폈듯 토론은 승패가 있어 이기기 위해 내 주장을 펴고, 상대 주장에 반론을 편다. 날카로운 질문으로 상대를 공격하거나 상대의 질문에 적절하게 방어도 해야 한다. 그러나 이렇게 이기기 위해 토론하면 자칫 승패에 매달려 상대를 배려하는 모습을 잃을 수가 있다. 정치 토론에서 그런 모습을 자주 보는데, 그런 모습은 추하게 비치며 사실 올바른 토론의 모습이라고 볼 수 없다.

우리 학생들에게 상대를 존중하는 바탕에서 열띤 토론이 이루어져야 한다고 강조한다. '흥분하면 진다'는 말을 흔히 듣는데, 토론은 특히 그렇다. 흥분하면 논리보다는 감정을 드러내기 쉽고 상대를 존중하기보다 몰아세우게 된다. 그러니 흥분하지 않고 스스로를 다스리며 냉철하게 자기주장을 펼칠 수 있어야 한다고 자주 일러 준다.

자료가 사실이어야 한다

토론할 때는 여러 관련 자료를 인용한다. 신문 기사, 관련 책, 경험, 전문가의 의견을 내보이며 내 주장이 옳음을 증명한다. 상대가 준비한 자료는 확인할 길이 없기에 대부분 믿을 수밖에 없는데, 그렇기 때문에 이기기 위해 사실이 아닌 자료를 사실이라고 주장할 수도 있다. 그러나 그렇게 해서는 안 되며, 그 결과로 토론에 이긴들 그것은 거짓이다. 우리 학생들에게 사실인 자료를 준비해 제대로 토론해야 한다고 강조 또 강조해야 한다. 또한 사실이더라도 주의할 것이 하나 더 있다. 공익성을 해치는 주장은 안 된다는 것이다. 함께 사는 우리 사회 질서와 약속을 해치는 것은 안 된다.

출처를 밝힌다

자기주장의 근거로 여러 설명 자료를 가져올 때에는 가져온 곳 즉, 출처를 꼭 밝혀야 한다. 다른 사람이 쓴 자료를 가져올 때 출처를 밝히지 않는 실수를 많이들 하는데, 그럴 때는 토론 과정에서 바로 표가 난다. 이런 경우 토론에 익숙한 토론자는 상대에게 "그 자료의 출처가 어떻게 되나요?" 하고 묻는데, 그 한마디로 토론에서 주도권이 넘어가고 마는 경우를 많이 경험한다. 출처를 명확하게 밝히는 것은 자료에 믿음을 주고 힘을 실어 주는 일이다.

신문에서 인용한 자료는 보통 "○○신문 0000년 00월 00일자 ○○○ 기자의 기사 '○○○(제목)'에서는 '○○○○(인용 내용)'라고 이야기합니다"라고 출처를 밝힌다. 책에서 인용할 때에는 "이영근 선생님이 에듀니티에서 펴낸 〈○○○〉라는 책 00쪽에서는 '○○○○(인용 내용)'라고 이야기하고 있습니다"로 한다. 전문가의 말은 "토론에 전문가이신 이영근 선생님이 운영하는 초등토론교육연구회 다음 카페에서는 '○○○(글 제목)'에서 '○○○○(인용 내용)'라고 이야기하고 있습니다"로 출처를 밝힌다.

규칙을 지킨다

토론에 익숙하지 않은 어른들 중에는 토론하자고 하고서는 토론의 가장 기본인 규칙을 무시하는 경우가 있다. 어른이라고, 직책이 높다고 규칙을 무시하고서 더 잦은 기회와 더 많은 시간을 쓸 때가 많다. 토론 경험이 없어서 생기는 문제들이다. 토론을 하자고 했으면 토론의 규칙을 지키는 것이 가장 기본이다. 나이와 지위를 모두 내려놓고 같은 규칙을 지키며 논리로써 이야기를 나눠야 한다.

규칙이 지켜지면 뭐가 좋을까? 회의 문화를 예로 들어보자. 어떤 조직이든 조직 구성원이 참여하는 회의를 하기 마련이다. 회의에서 구성원 모두가 같은 자격이라면 또한 규칙이 잘 지켜진다면 우선 말하기가 편해진다. 말하며 참가하는 사람이 늘고 더 자유롭게 다양하고 깊이 있는 이야기가 나올 수 있어 해당 주제를 좀 더 여러 측면에서 살필 수 있다. 이런 긍정의 에너지는 조직을 발전시키는 힘이 된다.

최선을 다한다

토론할 때 우리 반 학생들에게 강조하는 말이 최선을 다하라는 말이다. 토론은 늘 상대가 있고, 그 상대와 펼치는 논리 싸움, 논리 시합이다. 토론에 참여하는 사람은 그 토론 시합에서 최선을 다하려는 마음가짐을 가지고 있어야 하며, 그렇지 않으면 토론이 치열하지 않아 재미가 없다. 예를 들어 축구를 좋아하는 어른이 초등학교 1학년과 시합을 한

다면 축구가 재미있을 리 없다. 상대와 해볼 만하다는 생각이 들 때 더 열심히 하고 승패의 결과를 떠나 즐길 수 있다. 교실에서 학생들이 토론을 준비하는 것은 내 성장을 위한 것이기도 하지만 상대를 위한 배려라는 사실을 알아야 한다. 자료 준비와 실제 토론에서 상대방을 위해 최선을 다해야 한다는 것은 몇 번을 강조해도 모자람이 없다.

선생님마다 학급 경영을 할 때 더 관심을 갖는 분야가 있어 다른 것보다 더 꼼꼼히, 자주 확인하는 것들이 있기 마련이다. 참사랑땀반에서는 일기와 아침에 쓰는 '글똥누기' 그리고 날마다 쓰는 복습장을 꼼꼼하게 확인한다. 이렇게 날마다 확인하면 학생들도 '아, 이건 중요한 거구나' 하는 생각에 조금 더 챙겨서 하게 마련이다. 토론에서도 마찬가지다. 연수에서 많은 선생님들이 "학생들이 토론 준비를 해 오지 않아요" 한다. 당연한 일이다. 그러니 확인하고 또 확인하도록 한다. 공개 수업을 예로 들어보자. 공개 수업을 하려면 그전에 학생들이 준비해야 할 것을 선생님이 미리 다 챙겨서 해 오도록 한다. 그것처럼 토론 준비도 미리 챙겨 모두가 할 수 있도록 도와줘야 한다. 무엇이든 그냥 되는 쉬운 일은 없다.

2강

논제 만들기

삶에서 가진 불만이 곧 토론거리가 될 수 있다.

논제의 특징

의문형이 아니라 서술형

선생님 애들아, 다음 시간에는 너희들이 관심 있는 걸로 토론해 보자. 어떤 것으로 토론하는 게 좋을까? 논제를 만들어 볼래?
희문 선생님, 저는 스마트폰으로 토론하고 싶어요. 논제는 '스마트폰을 쓰면 어떤 점이 좋을까?'가 좋을 것 같아요. 스마트폰으로 게임만 하는 친구들이 많거든요.
수민 그건 찬성과 반대로 나올 것 같지 않은데.
선생님 그래. 수민이 말처럼 희문이가 말한 주제로는 여러 방법이 나와서 찬성과 반대로 딱 나눠지지 않겠구나.

희문이가 말한 '스마트폰을 쓰면 어떤 점이 좋을까?'는 토론에서 필요한 찬성과 반대의 주장이 나오지 않는다. 그보다는 현명한 스마트폰 사용 방법에 여러 방안이 나올 것이다. 이렇게 여러 해결 방안이 나오는 것은 토론이 아닌 토의 상황이다. 토론은 찬성과 반대로 나누어야 하므로 이렇게 묻는 형식이 아니라 '이다 / 아니다', '좋다 / 나쁘다', '해야 한다 / 하지 말아야 한다'와 같이 단정하는 말, 서술형으로 해야 한다. 그래야 그것에 찬성하는 사람과 반대하는 사람이 나온다. 예를 들어, '초등학생에게 스마트폰은 필요하다'는 찬성과 반대로 나눠 토론할 수 있다. 이렇게 논제는 찬성과 반대로 나눠지는 문장, 즉 서술형으로 나타낸다.

논제는 서술형으로 하는 것이 맞지만 의문형으로도 할 수도 있다. 의문형으로 할 때는 수렴형 질문으로 논제를 펼친다. '어떻게 해야 하나?' 같은 확산형 질문이 아니라, "예" 또는 "아니오"로 대답이 나오도록 질문하면 된다. "초등학생에게 스마트폰은 필요한가?"로 묻는다면 "예, 필요합니다"는 찬성이고 "아니요. 필요하지 않습니다"는 반대가 된다.

현실과 반대로 기술

(상황 1)
선생님 (자투리 시간에) 얘들아, 지금 뭐하고 있니?
대답이 제각각인 학생들.
선생님 그래? 그럼 지금 하던 거 그냥 하렴.
학생들 네.
(상황 2)
선생님 (자투리 시간에) 얘들아, 곧 시험이니 우리 문제 좀 풀자.
학생들 문제 풀기 싫어요.

(상황 3)

선생님 (자투리 시간에 공기놀이 하는 학생들에게) 얘들아, 공기놀이 그만 하자.

학생들 선생님, 안돼요. 지금 것만 끝내고요.

위의 상황을 하나씩 살펴보자.

상황 1에서는 하던 것을 그대로 하라고 했다. 그러니 반대가 없다. 학생들은 그냥 좋아하며 하던 놀이를 그대로 하기 때문에 이런 경우는 싸움이 일어나지 않으며 토론 상황이 아니다. 반면 상황 2에서는 새로운 것(시험 준비로 문제 풀기)을 하자고 한다. 그러자 하기 싫다고 대답한다. 이렇게 새로운 것을 하자면 싫다며 반대하는 사람이 생겨 싸움이 일어날 수 있는데, 토론 상황이 될 수 있다. 상황 3은 자투리 시간에 공기놀이 하던 학생들에게 공기놀이를 하지 말라고 하였다. 그러자 학생들이 하던 것은 끝내야 한다면서 반대한다. 이렇게 하고 있는 것을 하지 말라고 하는 상황 역시 토론 상황이다.

정리하자면, 새로운 것을 하자고 할 때와 하던 것을 하지 말자고 할 때가 토론 상황인 것이다. 둘 모두 지금 하고 있는 현실과 반대 상황이다. 이렇게 토론에서 논제는 현실과 반대되게 해야 한다.

지금 학교에서는 대부분 와이파이가 제공되지 않는다. 만일 학교에서 와이파이를 주제로 토론하려면 논제를 '학교는 와이파이를 제공해야 한다'로 정해야 한다. 즉, 하지 않고 있는 것을 하자는 것이 논제가 될 수 있다. 또 다른 형태로, 지금 초등학생들이 스마트폰을 많이 쓰고 있어 초등학생의 스마트폰 사용으로 토론하려면 논제를 '초등학생의 스마트폰 사용을 규제해야 한다'로 기술해야 한다. 지금 하고 있는 것을 하지 말자는 형태의 논제인 것이다.

앞에서 살폈듯 논제는 현실과 반대되게 제시하는 것이 원칙이지만 초등학생의 수준을 감안해서 현실 그대로 기술하기도 한다. 예를 들자면 현재 우리나라는 원자력 발전소를 계속 건설할 계획이다. 그러니 논제를 '원자력 발전소 건설을 중단해야 한다'로 하는 경우가 많다. 그런데 초등학생들에게 이렇게 논제를 주면 찬성과 반대가 헷갈린다. 찬성(건설 중단에 찬성)이 건설인지, 건설을 중단하는 것인지 특히, 반대(건설 중단의 반대 즉, 건설)는 건설을 중단하는 것의 반대이니 이게 건설인지 중단인지 헷갈리는 것이 당연하다. 이렇게 헷갈리는 것을 막기 위해 학생 수준을 감안하여 '원자력 발전소를 건설해야 한다'로 이해하기 쉬운 논제를 주는 것이 좋다.

하나의 쟁점 포함

〈표준국어대사전〉에 따르면 쟁점이란 '서로 다투어 중심이 되는 점'을 말한다. 토론에서 '쟁점'이란 찬성과 반대가 첨예하게 맞서는 지점이다. '쟁점'으로 치열한 토론이 일어나기 때문에 토론에서 무엇을 쟁점으로 삼을 것인가에 따라 토론의 방향이 달라진다.

'수학여행'으로 토론할 때 '수학여행 장소'가 쟁점이 되면 논제를 '수학여행을 외국(경주)으로 가야 한다'로 할 수 있다. 또한 수학여행에서 학생들 관심인 '방'을 어떻게 사용할 것인지도 쟁점이 될 수 있다. 이 경우 '수학여행에서 방은 친한 친구끼리 사용해야 한다'로 논제를 삼을 수 있다. 수학여행을 위한 '학습지(자료집)'의 필요성도 찬성과 반대로 생각이 다를 수 있어 쟁점이 될 수 있다. 그럼 '수학여행에서 자료집이 있어야 한다'를 논제로 토론이 가능하다.

그렇다면 다음 문장들은 논제로 적절할까?

- 사람은 죽는다.
- 일기는 날마다 쓰고 선생님에게 보여야 한다.
- 한미 FTA는 해야 한다.

첫 번째 '사람은 죽는다'는 반대가 없는 당연한 사실로 쟁점이 생기지 않는다. 그래서 논제로는 적합하지 않다.

두 번째는 '일기를 날마다 써야 한다'는 것으로 찬반이 갈릴 수 있다. 날마다 쓰는 것이 쟁점이 되는 것이다. 그리고 '쓴 일기를 선생님에게 보여주는 것' 또한 쟁점으로 찬반의 생각이 다르다. 그러니 위의 문장을 그대로 논제로 하면 쟁점이 둘이라 토론이 집중되지 않고 혼란스럽다. 논제에서는 쟁점이 하나만 드러나야 한다.

세 번째 논제로 우리아이토론에서 토론해 보았다. 그랬더니 쟁점이 서로 맞지 않는 문제가 나왔다. 찬성과 반대의 근거가 너무 달라, 서로 맞부딪히지 않고 서로 주장만 내세우게 되었다. 이 논제에 너무 많은 쟁점(농업 주권, ISD, 자동차, 공공 분야 따위)이 들어 있고, 찬성과 반대의 근거가 서로 다르니 그런 문제가 생긴 것이다. 이럴 때는 쟁점 하나만을 드러내어

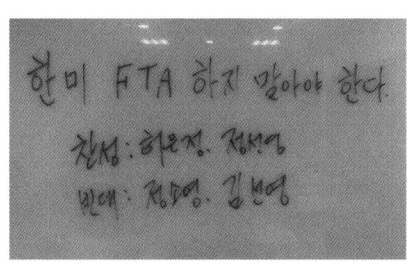

토론하는 게 좋다.

일기 쓰기나 남북통일도 그대로 토론하기보다, 쟁점을 하나 드러내어 '일기는 날마다 써야 한다'나 '남북통일은 남한 주도의 흡수통일로 해야 한다'로 토론할 때 쟁점이 명확해 치열한 토론이 이루어진다.

찬반으로 적절히 나뉘어야

토론 대회를 가면 동전을 던져 '찬성과 반대'를 정한다. 그러면 대회 참가자는 논제에 따라 자기들이 판단할 때 유리한 어느 한 편을 선택한다. 축구를 할 때, 공격권을 가질 것인지 지역을 선택할 것인지를 동전으로 정하는 것과 같다. 논제에 따라 찬성과 반대에서 어느 한쪽이 유리하다면 승패가 찬성과 반대의 선택에서 좌우된다. 그러면 토론 참가자도 참관자도 재미가 없다.

다행스럽게도 우리가 할 교실토론은 대회 토론이 아니다. 그러니 찬반으로 적절하게 나뉘지지 않더라도 목적에 따라 토론이 가능하다. 학생들이 그냥 관념으로 생각해 어느 한쪽으로 치우치는 논제는 토론으로 그 생각을 다듬어 줄 수 있기 때문이다.

빼빼로데이를 교실에서 할 것인가를 토론 이전에 학생들에게 물으면 하자는 의견이 대부분으로 찬성과 반대가 적절하게 나뉘지 않는다. 그러나 토론할 가치가 충분하다. 토론하며 생각이 많이 바뀌는 주제가 빼빼로데이이기 때문이다. 또 학생들에게 일기 쓰는 것을 물으면 많은 학생들이 일기를 쓰지 말자고 한다. 토론 이전에 학생들이 찬반으로 적절하게 나뉘는 것을 고려해야 하지만, 앞에 말한 두 논제는 토론이 곧 '교육'임을 고려하여 적절하게 나뉘지지 않아도 토론할 가치가 있다.

참 싱거웠던 토론이 있다. '티베트는 독립해야 한다'는 논제였는데, 독립해야 한다는 찬성편은 찾을 자료가 많고 논리를 펴기도 쉬웠지만 반대편은 그러지 못했다. 그러니 토론에서 찬성이 이길 수밖에 없었다. 토론을 마치며 이 논제는 찬성이 유리한 논제라는 이야기도 나누었다. 찬성과 반대가 팽팽하게 맞설 수는 없었지만 교육의 눈으로 봤을 때 그 토론은 티베트의 역사와 현재 상황을 살필 수 있는 소중한 시간이었다. 토론하니 티베트가 독립해야 한다는 주장이 훨씬 더 잘 와 닿은 것이다. 교실토론은 대회가 아니니 찬반으로 적절하게 나눠지지 않더라도 할 수 있는 논제가 많다.

찬반으로 적절히 나눠지지 않고 망설이는 사람이 많아도 논제로 좋다. '신호등 토론'을 하면 학생들의 찬성, 반대, 유보의 뜻을 한눈에 알 수 있는데, 간단히 신호등 토론을 소개하자면 학생들이 빨강, 초록, 노랑 세 가지 카드를 갖고 진행자의 어떤 물음에 반대면 빨강, 찬성이면 초록, 잘 모르겠으면 노랑을 드는 것이다. '일기는 날마다 써야 한다'는 논제로 들어 보게 하니, 찬성과 반대는 적고 유보인 노랑이 많았다. 이럴 때도 토론하면 좋다. 학생들이 찬성과 반대에서 헷갈리니 찬반 토론으로 알아볼 필요가 있는 상황인 것이다. '하얀 거짓말은 필요하다'는 의견에 노란 빛깔의 유보가 많았지만, 토론은 꽤 치열했다. 이런 토론 과정에서 학생들은 자기 생각을 다듬어 간다.

논제의 종류

사실 논제

논제는 사실 논제, 가치 논제, 정책 논제로 나눈다. 이 셋은 과거, 현재, 미래로 세분하여 모두 아홉 유형의 논제를 만들어 낼 수 있으나, 초등학교 교실토론에서는 이 셋으로 충분하다.

사실 논제는 어떤 일이 일어났을 때 그 일의 사실 여부 '이다 / 아니다'를 따지며 토론한다. 사실 논제로 토론이 일어나는 대표적인 곳이 법정이다. 법정에서는 피의자의 죄를 사실 여부로 검사(찬성)와 변호사(반대)가 찬반 논쟁을 벌인다. 그 결과 판사(심판)가 죄의 사실 여부를 판정한다. 영화 〈부러진 화살〉을 이 논제의 예로 추천할 수 있다.

- 사실 논제 예
- 엄마는 동생을 더 예뻐한다.
- 선생님은 남녀를 차별한다.
- 독도는 우리 땅이다.

- 담배는 몸에 해롭다.
- 4대 강 사업은 4대 강의 생태계를 망쳤다.

교실에서는 사실 논제로 토론할 상황이 많지는 않다. 다만, 교실에서 친구들끼리 싸웠을 때 사실 관계를 확인하는 경우가 있다. 이런 상황에서 사실 관계를 따질 때 학생들이 마음에 상처를 받지 않도록 조심할 필요가 있는데, 우선 다른 학생들이 보지 않는 곳에서 확인하고 글로 싸우기를 권한다.

만약 친구 둘이 다투고 있다면 둘을 불러 빈 종이를 한 장씩 준다. "왜 싸웠는지 써 보렴."

그럼 둘은 빈 종이에 자기의 억울한(?) 이야기(입안)를 쏟아 낼 것이다. 다 쓴 종이는 받아서 상대에게 다시 준다. "읽어 보고서 잘못 쓴 부분은 표시하고 밑에 글로 쓰렴" 한다. 그럼 상대가 쓴 글을 읽고서 아래에 댓글(반박)을 쓴다. 댓글 쓴 그 종이를 받아서 상대방에게 건넨다. 종이를 받은 학생들은 또 내용을 읽고서 댓글을 쓴다. 이렇게 두세 번 되풀이하면 대부분 싸움은 해결이 된다.

가치 논제

무엇을 보든 그것에 대한 사람들의 평가는 다르다. 장미꽃을 보고 예쁘다는 사람도 있고 예쁘지 않다는 사람도 있다. 이렇게 다른 생각으로 토론하는 주제를 가치 논제라고 한다. '좋다 / 나쁘다', '옳다 / 그르다'로 나눠서 자기 생각을 논리를 바탕으로 밝혀낸다.

- 가치 논제 예
- 칭찬 스티커는 교육적이다.
- 사랑과 우정에서 (사랑 또는 우정)이 먼저다.
- 부모님의 잔소리는 필요하다.
- 초등학생의 컴퓨터 게임은 바람직하다.
- 학교에서 체벌은 필요하다.

가치 토론으로 가장 알려진 토론으로 링컨-더글러스의 노예 제도 찬반 토론을 꼽을 수 있다. 〈위대한 토론자들〉이란 영화를 보면 대학생들의 토론 장면과 함께 1930년대 미국에서 이루어진 흑인 차별 장면들이 나온다. 차별에 대한 학생들의 가치 판단을 도와주는 영화이므로 이 영화를 보고 토론을 해보는 것도 좋다. 다만 초등학생이 보기에 민망한 장면이 있으니 미리 보고 판단한다. 또 그림책 〈스갱 아저씨의 염소〉에서 스갱 아저씨의 염소는 '어리석다' 또는 '용기 있다'의 가치 논제로 토론이 가능하다.

정책 논제

정책 논제는 어떤 일을 할 것인지 정하는 상황이다. 아울러 지금껏 하던 일을 그만둘 것인지 정하는 것도 포함한다. 어떤 일에 '(새로운 것을) 해야 한다 / 하지 말아야 한다', '(하던 것을) 중단해야 한다 / 계속해야 한다'의 상황으로 나눠 그 해결 방법을 함께 고민하는 토론이다. 교실에서 가장 흔히 일어나는 토론이기도 한데 짝을 남녀로 할 것인지, 급식에 잔반을 남길 것인지, 독서장으로 상장을 줄 것인지처럼 학교에는 정책 논제가 아주 많다. 그만큼 토론할 게 많다.

영화 〈P짱은 내 친구〉에는 토론으로 학급에서 생긴 갈등을 풀고 문제를 해결하는 과정이 잘 나온다. 특히, 'P짱을 3학년 후배들이 키워야 한다'와 'P짱을 식육센터로 보내야 한다'로 치열한 논쟁을 벌이는데, 학생들과 함께 보며 토론하는 학급 문화를 느껴 보는 것도 좋다.

- 정책 논제 예
  - 아침 자습 시간에 만화를 봐도 된다.
  - 초등학생의 스마트폰 사용을 규제해야 한다.
  - 10대 가수 연습생 생활을 막아야 한다.
  - 원자력 발전소 건설을 중단해야 한다.
  - 제헌절을 법정 공휴일로 해야 한다.

앞에서 사실 논제, 가치 논제, 정책 논제가 어떻게 다른지 살펴보았다. 같은 주제라도 기술 방식에 따라 논제의 유형이 달라질 수 있는데, 다음의 예를 보면 쉽게 알 수 있다.

- 사형 제도는 범죄율을 낮추는 데 효과가 있다. (사실 논제)
- 사형 제도는 필요하다. (가치 논제)
- 사형 제도는 폐지해야 한다. (정책 논제)

교실토론에서 고려할 점

삶, 교과서, 상식

앞에서 논제의 종류로 구분했다면, 이번에는 토론이 일어나는 상황으로 논제를 생각해 보자. 참사랑땀반에서는 논제의 종류(사실, 가치, 정책)도 참고하지만, 그것보다 아래의 상황을 더 고려하여 논제를 정한다.

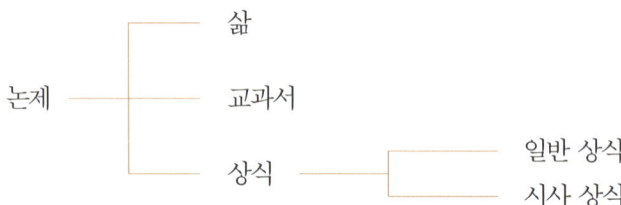

삶과 토론은 떼어 놓을 수 없다

살면서 우리는 매순간 '이걸 할까, 저걸 할까?' '이렇게 하는 게 맞나, 저게 더 좋을까?' '할까, 말까?' 고민한다. 이런 모든 것이 다 이야기 나눌 가치가 있다. 우리도 모르는 사이에 이미 토론하고 있을 때가 많다.

집에서 '저녁에 외식을 하자', '자전거를 사자', '집에 개를 키우자', '남자도 화장실에서 앉아서 오줌을 누자', '컴퓨터 게임을 줄이자'로 이야기를 나누고 가끔은 생각이 달라 치열하게 입씨름을 하는 것들이 이미 토론이다.

학교에서도 토론거리들은 수시로 나온다. '급식을 남기지 말아야 한다', '교복을 입어야 한다', '빼빼로데이는 하지 말아야 한다', '스마트폰을 쉬는 시간에 써도 된다', '중앙 현관은 자유롭게 쓸 수 있어야 한다', '학생 인권 조례는 폐지해야 한다', '지각생은 벌을 받아야 한다'들은 첨예하게 찬성과 반대로 나눠지는 주제들이다. 이렇게 우리 삶의 아주 많은 부분에서 치열한 토론이 가능하다.

토론하기 좋은 과목

토론을 교육과정으로 가져올 때 가장 먼저 분석하는 것이 교과서다. 교과서에서 토론할 논제를 찾을 수 있다. 토론하기에 적합한 과목은 이것이라고 말하는 것은 적합하지 않지만, 과목의 성격상 토론하기 수월한 과목이 있다. 참사랑땀반에서는 도덕을 토론으로 진행한다. 국어도 토론으로 듣기, 말하기, 읽기, 쓰기를 향상시킬 수 있어 좋다. 실과에서 토론하고서 행동으로 실천하는 활동도 가능하며, 사회 교과도 토론하기 적합한 논제가 적지 않다. 과학에서 환경 단원은 토론할 논제가 많이 보인다.

일반 상식으로 토론하면 사회에 관심을 갖는다

개인의 삶에서 생기는 문제뿐 아니라, 사회 전반에 걸쳐 있으면서 우리와 밀접한 관련을 갖는 상식에서 논제를 찾을 수도 있다. 사실 예전에는 이런 상식을 어른들이 알려 주는 곧이곧대로 따르는 게 보통이었다. '남북은 통일해야 한다', '독도는 우리 땅이다'. 물론 다 맞는 말이지만 왜 통일해야 하고, 왜 우리 땅인지 제대로 살피지 않았다. 통일을 반대하는 사람들은 왜 반대하고, 일본은 왜 독도를 자기 땅이라고 하는지 알아보지 않았다.

우리가 그냥 넘겼던 지식이나 일반 상식도 토론으로 좀 더 따져볼 필요가 있다. 뉴스를 보면 첨예하게 맞서는 논제들이 많이 보인다. 정치 현안은 민감한 내용이라 토론하기 불편하겠지만, 학생들이 관심을 갖는 교육 정책이나 연예 관련으로 토론하면 좋다. 현재 일어나는 일로 토론하면 학생들도 자료 찾기가 편하고 신문 기사나 방송 뉴스에 관심을 갖게 되어 좋아한다.

■ 삶에서 토론하기 좋은 논제 예

가정	학급·학교	상식
가정에 TV가 없어야 한다.	여학생 하의실종으로 입지 말아야 한다.	신호등은 없어야 한다.
남자도 화장실에서 앉아서 소변을 봐야 한다.	짝은 남녀로 해야 한다.	나폴레옹은 침략자다.
부모와 자녀의 TV 시청 시간은 같아야 한다.	초등학생 이성교제 해도 된다.	성형수술한 사람은 연예인이 되면 안 된다.
부모도 일기를 써야 한다.	급식을 남기지 말아야 한다.	개미보다 베짱이 삶이 더 행복하다.
일정한 용돈은 있어야 한다.	교실에서 모자를 벗어야 한다.	다수결은 지켜야 한다.
일을 하고 돈을 받아야 한다.	쉬는 시간에 휴대전화를 써도 된다.	인터넷 실명제를 해야 한다.

가정	학급·학교	상식
초등학생 컴퓨터 게임은 하지 말아야 한다.	아침독서시간에 만화책 봐도 된다.	셧다운제를 10시로 당겨야 한다.
집안 일 결정을 다수결로 해야 한다.	상벌제 하지 말아야 한다.	동물원은 없어야 한다.
친구 집에서 잠을 자도 된다.	일기 검사 해야 한다.	원자력 발전소 건설은 중단해야 한다.
복습을 날마다 해야 한다.	자리는 마음껏 앉아야 한다.	남북통일은 흡수제로 해야 한다.
선행학습 학원에 가지 말아야 한다.	실내화를 슬리퍼로 해도 된다.	초등학생 가수 연습생 생활은 막아야 한다.
밥 먹을 때 조용히 해야 한다.	독서록은 써야 한다.	발명품으로 인류는 행복하다.
형은 동생에게 양보해야 한다.	방학 과제는 없어야 한다.	아파트에 CCTV를 늘려야 한다.
아침밥은 먹어야 한다.	친구 별명을 불러도 된다.	티베트는 독립해야 한다.
사랑의 매는 필요하다.	인터넷 용어를 사전에 넣어야 한다.	아파트에 강아지를 키우면 안 된다.

수준에 따라 논제 달리해야

학생들의 수준 차이에 따라 관심도가 조금씩 다를 수 있다. 토론을 힘들어하는 학생들은 '삶'에서 논제를 찾으면 좋다. 주어진 논제에서 관련 지식으로 근거를 세우는 일이 힘들기 때문이다. 책을 보거나 자료를 찾는 것 또한 훈련이 되지 않은 학생들에게는 버거운데, 이런 학생들도 '삶'에서 찾은 논제는 자기 경험으로 토론할 수 있다.

반면, 토론을 좋아하고 수준이 높은 학생들은 상식에서 찾은 논제에 관심을 보인다. 자료를 찾는 재미, 새로운 것을 발견하는 재미, 그것으로 논리를 세우는 재미, 토론에서 자기주장을 제대로 말하는 재미에

빠지곤 하는데, 우리 반에서는 가끔 학부모가 아이가 밤 12시가 넘도록 자료를 준비한다며 걱정하는 문자를 보내는 경우도 있다.

우리 반 6학년 여학생 한 명은 화장품 연구가가 꿈이다. 화장품의 종류며 성분을 꿰뚫고 있던 그 학생은 마침 '초등학생 화장해도 된다'는 논제로 토론할 때 정말 열심히 참여하였다. 화장품 전문가의 깊이까지 느껴지는 내용으로 즐겁게 참여하였다. 또 가수에 푹 빠져 지내던 여학생은 '10대 청소년 가수 연습생 생활을 막아야 한다'는 논제로 토론할 때 입이 귀에 걸릴 만큼 좋아했다. 토론 자료를 찾는 것이 내 관심 분야이니 토론 준비가 신이 나고 하고픈 말이 많으니 토론에도 적극 참여할 수밖에 없었을 것이다.

학생들이 어떤 주제를 재미있게 생각했는지 궁금하여 학생들에게 함께 했던 논제에서 좋았던 논제를 물었다. 그 결과 '원자력 발전소 건설'에 대한 토론과 '스갱 아저씨의 염소' 그리고 'PC방'이 많은 수로 나타났다. '원자력 발전소 건설'은 일반 상식 논제이며, '스갱 아저씨의 염소'는 독서 토론이었다. 'PC방'은 일반 상식이면서도 삶과 관련한 논제이기도 하다.

또 학생들은 논제 중에 일반 상식 논제가 좋다고 대답하였다. 그 수가 다른 영역보다 훨씬 높게 나와 왜 그런지 물으니 자료를 찾기 쉽고, 모르는 것을 새롭게 아는 즐거움이 크고, 교과서를 벗어난 이야기라서 좋다고 하였다.

■ 학생 만족도 조사 결과(6학년 남 15명, 여 14명 / 2012년 11월 2일)

1. 재미있었던 토론(물음 : 토론에서 재미있었던 논제는 무엇이었나요?_복수 응답 가능)

전자책 : 종이책	원자력 발전소	가수 연습생	스갱 아저씨 염소	수학여행	하얀 거짓말
5	16	9	15	7	5
학생 직업 꿈	국가수준성취도	어린이날	PC방	고자질	핸드폰
7	3	9	14	4	12

2. 재미있었던 토론 영역(물음 : 토론에서 재미있었던 영역은 무엇이었나요?_복수 응답 가능)

	일반 논제	삶	교과서
학생 수	24	4	1

2강 논제 만들기

논제를 찾는 과정

이야기 나누기

도덕에서 한 단원은 보통 세 시간으로 되어 있는데, 단원마다 한 시간 동안 함께 이야기를 나누며 논제를 찾고 그 논제로 다음 두 시간은 토론을 진행한다. 첫 시간에는 논제를 찾는데, 다음은 그 과정을 담은 장면이다.

5학년 1학기, 1단원 가치덕목은 '성실'이다. 토론에 앞서 논제를 찾아가는 과정을 학생들과 함께 하기 위해 '성실'이라는 단어를 칠판에 크게 썼다. 생각그물(마인드맵)로 학생들의 생각을 모으기 위해서다.

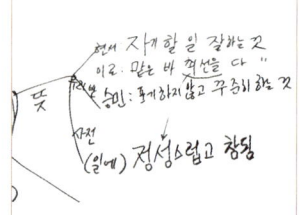

가장 먼저 '성실'의 뜻을 살핀다. 늘 쓰는 말이지만 정확한 뜻을 알아보기 위해서이다.
우선 학생들이 생각하는 성실의 뜻을 물었더니, 학생들은 '자기 할 일을 잘하는 것', '맡은 바 최선을 다 하는 것', '포기하지 않고 꾸준히 하는 것'이라고 대답하였다. 우리가 머릿속으로 생각하던 뜻이다. 다음으로 사전에서 살핀다. 사전에는 '(일에) 정성스럽고 참됨'이라는 설명이 있다.

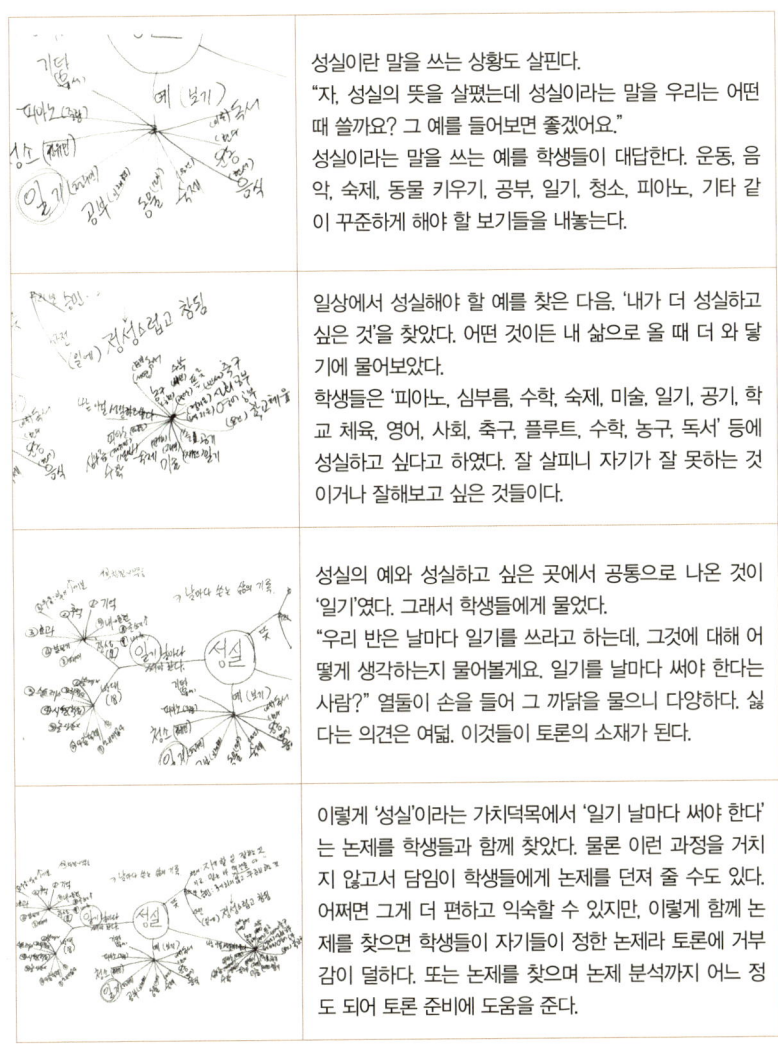

	성실이란 말을 쓰는 상황도 살핀다. "자, 성실의 뜻을 살폈는데 성실이라는 말을 우리는 어떤 때 쓸까요? 그 예를 들어보면 좋겠어요." 성실이라는 말을 쓰는 예를 학생들이 대답한다. 운동, 음악, 숙제, 동물 키우기, 공부, 일기, 청소, 피아노, 기타 같이 꾸준하게 해야 할 보기들을 내놓는다.
	일상에서 성실해야 할 예를 찾은 다음, '내가 더 성실하고 싶은 것'을 찾았다. 어떤 것이든 내 삶으로 올 때 더 와 닿기에 물어보았다. 학생들은 '피아노, 심부름, 수학, 숙제, 미술, 일기, 공기, 학교 체육, 영어, 사회, 축구, 플루트, 수학, 농구, 독서' 등에 성실하고 싶다고 하였다. 잘 살피니 자기가 잘 못하는 것이거나 잘해보고 싶은 것들이다.
	성실의 예와 성실하고 싶은 곳에서 공통으로 나온 것이 '일기'였다. 그래서 학생들에게 물었다. "우리 반은 날마다 일기를 쓰라고 하는데, 그것에 대해 어떻게 생각하는지 물어볼게요. 일기를 날마다 써야 한다는 사람?" 열둘이 손을 들어 그 까닭을 물으니 다양하다. 싫다는 의견은 여덟. 이것들이 토론의 소재가 된다.
	이렇게 '성실'이라는 가치덕목에서 '일기 날마다 써야 한다'는 논제를 학생들과 함께 찾았다. 물론 이런 과정을 거치지 않고서 담임이 학생들에게 논제를 던져 줄 수도 있다. 어쩌면 그게 더 편하고 익숙할 수 있지만, 이렇게 함께 논제를 찾으면 학생들이 자기들이 정한 논제라 토론에 거부감이 덜하다. 또는 논제를 찾으며 논제 분석까지 어느 정도 되어 토론 준비에 도움을 준다.

정리하기

이와 같은 과정을 거쳐 토론의 논제를 찾았다면 다음 표에 정리를 한다.

- 영역 : (가정, 학급, 학교, 정치, 경제, 사회, 역사, 과학, 예술, 독서 따위)

- 논제 :

- 예상되는 찬성과 반대 근거

찬성	반대
1. 2. 3.	1. 2. 3.

- 관련 자료

■ 주별 의제와 논제 예

(1학기)

	월	주	영역	논제 또는 의제	구분
1	3	1	학급 이름	• 토의 절차 안내와 실습. • 우리 반 중심 말(이름) 정하기.	토의
2		2	학급 대표	• 우리 반 대표 토론회(선거 토론회 형식).	토의
3		3	학급 규칙	• 우리 반 규칙 만들기.	토의
4		4	짝 정하기	• 토론 절차 안내와 실습. • 짝은 남녀로 앉아야 한다.	토론
5		5	일기 쓰기	• 일기 날마다 써야 한다.	토론
				• 일기 쓰기, 어떻게 할 것인가?	토의
6	4	1	만우절	• 선의의 거짓말은 필요하다.	토론
				• 부모님 속이기(칭찬 문자).	활동
7		2	학교 폭력	• 학교 폭력, 어떻게 할 것인가? (개념, 원인, 문제점, 해결 방안)	토의
				• 학교 폭력을 생활기록부에 기록해야 한다.	토론
8		3	과학의 날	• 교과서를 전자책으로 해야 한다.	토론
				• 세상을 바꾼 발명가와 발명품.	발표

월	주	영역	논제 또는 의제	구분
9	4	4	장애인의 날	• 장애인을 위한 시설, 잘 되고 있는가?	토의
				• 우리 학교 장애인을 위한 시설.	조사
				• 장애 체험.	활동
10	5	1	어린이날	• 어린이날은 법정 공휴일에서 빼야 한다.	토론
				• 우리가 만드는 어린이 헌장.	토의
11		2	어버이날	• 부모님 잔소리는 필요하다.	토론
				• 〈돼지책〉 읽고 집에서 내가 할 수 있는 일은?	토의
12		3	스승의 날	• 스승의 날은 학교 재량 휴업일로 해야 한다.	토론
				• 좋은 선생님은 어떤 선생님인가?	토의
13		4	독도	• 독도는 일본 땅이다.	토론
				• 독도를 지키기 위한 우리의 노력.	토의
14	6	1	현충일	• 평화를 위해 전쟁은 필요하다.	토론
				• 무기 장난감 모으기.	활동
15		2	급식	• 급식 잔반은 남겨도 된다.	토론
				• 급식 남기지 않기 캠페인.	활동
16		3	학교 규칙	• 실내화를 슬리퍼로 해도 된다.	토론
				• 학교에서 바뀌어야 할 규칙은? (전교어린이회의에 건의하기)	토의
17		4	통일	• 남북통일은 해야 한다.	토론
				• 통일이 되면 가고 싶은 곳은?	토의
18		5	시험	• 시험은 필요하다.	토론
				• 내가 평가하는 나와 선생님.	평가
19	7	1	제헌절	• 제헌절은 법정 공휴일로 해야 한다.	토론
			광복절	• 8월 15일 광복절을 건국절로 바꾸자.	토론
20		2	1학기 반성	• 1학기 우리 반은 행복했다.	토론
				• 1학기 우리 반 돌아보기.	토의

(2학기)

	월	주	영역	논제 또는 의제	구분
21	8	4	학급 규칙	• 2학기 우리 반 모습 나누기.	토의
				• 학급 규칙 다듬기.	토의
22		5	학급 대표	• 우리 반 2학기 대표 토론회. (선거 토론회 형식)	토의
23	9	1	대중교통	• 초등학생은 대중교통을 무료로 탈 수 있어야 한다.	토론
				• 초등학생에게 무료로 해야 할 곳은? (해당 기관에 직접 건의하기)	토의
24		2	체벌	• 교육적 체벌은 있어야 한다.	토론
				• 체벌 반대 캠페인.	활동
25		3	추석	• 명절에 고속도로 통행료는 받지 말아야 한다.	토론
				• 추석에 내가 한 일.	발표
26		4	운동회	• 운동회는 대운동회(또는 마당 놀이)로 해야 한다.	토론
				• 우리 반 놀이마당.	활동
27	10	1	국군의 날	• 무기 장난감을 가지고 놀지 말아야 한다.	토론
				• 비행기 한 대 값으로 할 수 있는 일은?	조사
			개천절	• 단군신화를 역사로 인정해야 한다.	토론
				• 내가 만드는 나의 신화 이야기.	발표
28		2	한글날	• 한글은 세계에서 가장 우수한 글자다.	토론
				• 내가 찾은 아름다운 우리말과 그 뜻.	발표
29		3	독서의 달	• 독서록은 써야 한다.	토론
				• 책갈피 만들기.	활동
30		4	환경	• 원자력 발전소 건설을 중단해야 한다.	토론
				• 일주일 동안 우리 마을 쓰레기 조사, 캠페인.	조사
31	11	1	인터넷	• 인터넷 실명제 해야 한다.	토론
				• 한 주 동안 인터넷 사용 조사.	조사

월	주	영역	논제 또는 의제	구분
32	11	2	빼빼로데이	• 교실에서 빼빼로데이는 하지 말아야 한다.	토론
				• 우리 반은 빼빼로데이에 무엇을 할 것인가?	토의
33		3	정치	• 대통령 연임제로 해야 한다.	토론
				• 내가 대통령이라면······.	발표
34		4	경제	• 초등학생 용돈은 달마다 일정해야 한다.	토론
				• 우리가 한 주(한 달) 동안 쓴 돈.	기록
35		5	휴대전화	• 초등학생의 스마트폰 사용은 규제해야 한다.	토론
				• 내가 만든 휴대전화 사용 약속.	발표
36	12	1	문집	• 문집에 일기를 담아야 한다.	토론
				• 문집에 무엇을 담을 것인가?	토의
37		2	2학기 반성	• 2학기 우리 반은 행복했다.	토론
				• 2학기 우리 반 돌아보기.	토의
		3	겨울방학	• 방학에 과제는 없어야 한다.	토론
				• 우리 반 공통 과제 함께 만들기.	토의
38	2	1	학년 말 반성	• 한 해 동안 반성, 감사, (스스로) 칭찬 세 가지.	발표
39		2	마무리 잔치	• 마무리 잔치, 어떻게 할 것인가?	토의
				• 봄방학 어떻게 보낼 것인가?	토의

3강

토론의 요소

주장과 반박, 질문이 오가는 토론은
삶의 축소판이다.

입안

찬성과 반대의 주장, 입안

토론은 논제의 찬성과 반대에 '주장'을 펼친다. 이때의 주장을 토론의 첫 번째 요소인 '입안(입론)'이라고 한다. 찬성이든 반대든 자기주장을 펼치며 시작하는 토론에서 입안은 빠질 수 없다. 입안은 찬성과 반대로 나눌 수 있는데, 그 중 찬성 입안의 성격을 먼저 살펴본다.

찬성 입안은 '입증의 책임'

앞에서 논제의 특징을 설명할 때, 논제는 현실에서 하고 있는 것을 하지 말자고 하거나 하지 않는 것을 새롭게 하자는 형식을 가진다고 하였다. 찬성(하던 것을 하지 말자, 새로운 것을 하자)은 현실의 문제점을 드러내야 한다.

- 배경 ▶ 개념 정의 ▶ 현 실태(문제점) ▶ 해결 방안 : 실행 가능성, 해결성, 이익

찬성은 지금 배경을 언급하며 논제를 드러내고 논제에 드러난 개념을 정의한다. 개념은 사전에서 많이 찾으며, 그 개념을 어디까지 적용할 것인지를 언급한다. 이어 이 논제와 관련한 문제가 있음을 드러내야 한다. 만일 문제가 없다면 하던 것을 멈출 까닭도, 새로운 것을 하자고 할 필요도 없기 때문이다. 아울러 그 문제는 심각하며 그 심각함이 계속 지속될 것임을 밝혀 주는 것도 필요하다. 문제가 있고 심각함을 드러내었으니 해결 방안도 제시해야 한다. 그 해결 방안이 언급한 문제를 해결할 수 있음을 보여야 하며, 또 실제로 쓰일 수 있음을 밝혀야 한다. 해결 방안은 지금의 문제를 풀 수 있을뿐더러 지금보다 더 큰 이익이 있어야 한다.

찬성에는 입증의 책임이 있다. 찬성하는 까닭을 위의 내용을 포함시켜 증명해 내야 하는데 그러지 못하면 찬성이 반대를 설득할 수 없고, 토론에서 이길 수 없다.

반대 입안은 '반증의 책임'

반대에서도 찬성과 마찬가지로 입안을 펴는데, 그 시작으로 논제를 드러내고 개념을 정의한다. 이어 상대가 지적한 현재의 문제를 반박한다. 찬성은 문제가 있고 그 문제가 심각하다고 했는데 사실 문제가 없고, 있더라도 심각하지 않음을 밝힌다.

- 배경 ▶ 개념 정의 ▶ 문제에 대한 부정 ▶ 해결 방안 반박 : 부작용

이렇게 문제가 없거나 심각하지 않음을 제대로 밝혀도 반대는 토론

에서 훨씬 유리하게 이끌 수 있다. 찬성에서 문제에 대한 해결 방안을 제시했는데 그 해결 방안이 문제를 해결할 수 없음을 밝히고, 도리어 부작용을 가져올 수 있음을 증명한다. 이렇게 반대는 찬성의 주장이 옳지 않음을 반증할 책임을 갖는다.

위와 같은 찬성과 반대의 입론 내용을 초등학교 교실토론에서 모두 요구하기는 현실적으로 어렵다. 몇몇은 이런 글을 흉내 낼 수 있겠지만 그런 경우에도 반복되는 연습으로 형식만 갖추는 게 대부분이다. 초등학생들에게는 입안에 필요한 이런 내용을 강조하기보다 자기 생각을 세우고 그 생각을 근거를 바탕으로 말하는 경험이 더 필요하다. 입안에 있어야 할 내용을 몇 가지 빠뜨리더라도 자기 생각을 제대로 드러낸다면 그것만으로 토론의 좋은 점을 제대로 살린 것이다.

입안 쓰기

입안을 펼치기 위해서 보통 글을 써서 준비한다. 학생들이 입안을 펴기 위해 쓰는 글은 논설문으로, 논설문은 다음과 같이 서론, 본론, 결론으로 구성하여 쓴다.

단계	내용	쓰는 시간(4분 기준)
서론	소개, 관심 끌기	40초
본론	근거를 들어 주장 펼치기 - 4단 논법 - 6단 논법	3분
결론	정리하기	20초

토론에서 서론은 듣는 사람의 관심을 끄는 역할을 한다. 말로 자기주장을 펼 것이기 때문에 가장 먼저 자기소개, "저는 ○○편의 입론을 맡

은 ○○○입니다"로 시작한다. 사실 토론에서는 모든 단계에서 자기소개로 시작한다. 자기소개 다음에 들어가는 내용은 보통 개념 정의, 논제 관련 최근 뉴스, 논제 관련 경험 등을 적는다. 그밖에도 속담, 격언, 유명한 사람의 말을 인용하면서 서론을 펼친다. 이때도 찬성이나 반대에 따라 자기편에 유리하도록 진술한다.

본론은 내 주장을 근거와 사실을 들어 제대로 펼치는 공간이다. 자기주장을 제대로 내세워 상대를 설득하려면 그냥 억지를 부려서는 안 되며 설득력 있게 펼쳐야 한다. 그러기 위해서는 우리 주장을 논리로 증명해 내야 하는데, 이를 '논증하기'라고 한다. 물론 초등학생들에게 '논증'이라는 말을 강조할 필요는 없으나, 논증하는 방법을 도와줄 필요가 있다. 흔히 초등학생들이 많이 쓰는 논증법은 4단 논법과 6단 논법이 있다.

4단 논법 : 주장 ▶ 근거 ▶ 설명 ▶ 정리

'주장, 근거, 설명, 정리' 순으로 이어가는 방법이 4단 논법이다.

어떤 논제가 있을 때 찬성과 반대가 나오는데, 찬성과 반대가 바로 '주장하기'이다.

선생님 여러분 우리 이번 주는 '하얀(착한) 거짓말은 필요하다'로 토론하려고 해요. 여러분은 이 논제에 대해 어떻게 생각하나요?

희문 네, 전 하얀 거짓말은 필요하다고 생각해요.

수민 전 생각이 달라요. 전 하얀 거짓말은 필요하지 않은 것 같아요.

위의 예에서 찬성 주장은 '하얀 거짓말은 필요하다'이고, 반대 주장은 '하얀 거짓말은 필요하지 않다'이다. 이렇게 주장은 찬성과 반대로 명확히 나눌 수 있다.

선생님 희문이는 찬성을 주장하는 까닭이 뭐죠?
희문 상대방 기분을 좋게 하기 위해서 하는 거니까요.
선생님 그럼 수민이는 왜 반대하나요?
수민 하얀 거짓말은 또 다른 거짓말을 만들기 때문이에요.

'하얀 거짓말은 필요하다'는 논제에 찬성하는 희문이는 자기주장(필요하다)의 근거(까닭)로 '상대방 기분을 좋게 하기 위해서'라고 하였다. 반대하는 수민이는 '하얀 거짓말은 또 다른 거짓말을 만들기 때문'이라는 근거로 주기주장(필요하지 않다)을 펴고 있다.

이렇게 근거가 있어야 자기주장은 설득력을 갖는다. 근거 없이 주장만 펴는 것은, 억지를 부리거나 떼를 쓰는 것으로 여겨진다. 토론에서는 보통 세 가지 근거를 들어 자기주장을 펴는데, 여기에서 희문이와 수민이가 든 근거 외에 또 어떤 근거가 있을까 적어 보도록 한다.

- 찬성 : 하얀(착한) 거짓말은 필요하다.
1.
2.
- 반대 : 하지 말아야 한다(하얀(착한) 거짓말은 필요하지 않다).
1.
2.

근거를 드러낸 다음 예시나 관련 자료로 설명한다.

선생님 희문이와 수민이 주장에 근거만 들어서는 아직 판단이 잘 서지 않아요. 이해가 안 되는 것도 있구요. 나를 조금 더 설득할 수 있을까요? 예를 들면 좋겠는데요.

희문 네. 하얀(착한) 거짓말은 상대방을 위한 것이니까요. '플라시보 효과'라는 게 있어요. 약효가 전혀 없는 가짜 약을 진짜 약이라며 환자에게 먹였더니 환자의 병이 나았다고 해요. 또 의사들이 아픈 사람에게 괜찮다(하얀 거짓말)고 말해 환자가 정말 괜찮다고 생각하면서 치료가 되기도 해요. 이렇게 말 한마디가 다른 사람에게 미치는 영향이 크니 하얀 거짓말처럼 상대방의 마음을 헤아리는 거짓말은 필요하다고 생각해요.

수민 저는 하얀 거짓말이 또 다른 거짓말을 만들기 때문에 필요하지 않다고 했는데요, 얼마 전 친구 집에 놀러 갔는데 친구 어머니께서 "떡볶이 먹을래?" 하시는 거예요. 사실 전 떡볶이가 먹고 싶지 않았는데 그냥 "네" 대답했어요. 그런데 먹으려니 힘이 들었어요. 맛도 별로였고요. 그래도 맛있다고 말씀드렸어요. 문제는, 그 뒤에 또 놀러 갔는데 이번에도 떡볶이를 주시는 거예요. 처음에 친구 어머니에게 조금 죄송스럽더라도 먹고 싶은 걸 말씀드렸더라면 더 좋았겠다 싶었어요.

희문이와 수민이는 자기들이 든 근거의 예를 들고 있다. 희문이는 하얀 거짓말이 필요하다는 예를 '플라시보 효과'로 들었다. 책이나 뉴스에서 본 사실을 자기 근거의 설명 자료로 가져와 자신의 주장에 힘을 싣는다. 수민이는 하얀 거짓말이 필요하지 않은 예를 친구 집에 놀러 갔다가 겪은 자기 경험에서 가져왔다. 수민이 예도 우리가 흔히 겪는 일로 고개를 끄덕이게 한다.
이렇듯 사실이나 경험으로 근거를 뒷받침할 때 주장은 힘을 받는다. 근거를 뒷받침하는 예로 경험, 책, 신문 기사, 전문가의 의견 같은 것이 있다.

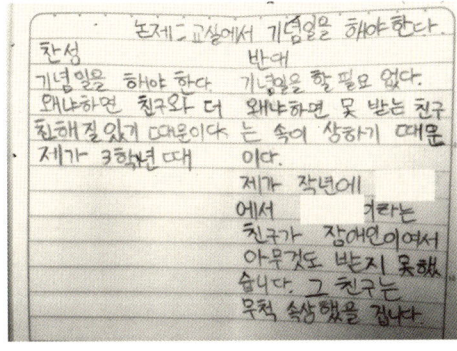

마지막 단계는 다시 한 번 우리 편의 주장을 정리하는 것이다. 위의 논제에서는 '그래서 하얀(착한) 거짓말은 필요합니다(필요하지 않습니다)'로 정리할 수 있다.

4단 논법을 영어로는 다음과 같이 PREP로 정의한다.

주장(해야 한다 / 하지 말아야 한다)	Point
근거(왜냐하면)	Reason
설명(예를 들면)	Example
정리(그래서 해야 한다 / 하지 말아야 한다)	Point Again

평소 누군가와 이야기 나눌 때 수첩을 갖고 다니면서 짤막하게 메모해 두면 내가 하고픈 말을 제대로 전달할 수 있다. 특히 설득하거나 내 의견을 전달해야 할 때는 위의 4단 논법으로 짤막하게 적고 내 의견을 말하면 좀 더 잘 전달할 수 있다. 학교에서 관리자나 동학년 선생님들, 또는 학부모와 학생들같이 내가 만나는 모든 사람들에게 적용할 수 있다.

6단 논법 : 안건 ▶ 결론 ▶ 근거 ▶ 설명 ▶ 반론 꺾기 ▶ 예외 정리

다음에 설명한 6단 논법은 전 포항공대 교수인 김병원 박사가 우리나라에 소개한 방법으로, '안건, 결론, 근거(까닭), 설명, 반론 꺾기, 예외 정리' 차례로 논증한다. 4단 논법에서 예로 든 수민이 주장(하얀 거짓말은 필요하지 않다. 왜냐하면 또 다른 거짓말을 만들기 때문이다)으로 6단 논법을 설명해 보자.

맨 처음 '안건'은 논제를 다르게 부른 이름으로, 여기서는 '하얀 거짓말은 필요하다'가 안건이 된다.

두 번째 '결론'은 안건에 찬성인지 반대인지 결정하는 것을 말한다. 찬성은 '해야 한다, ~이다, 필요하다'로 서술하며, 반대는 '하지 말아야 한다, ~가 아니다, 필요하지 않다'로 표현한다. 수민이는 반대편이므로, 결론은 '하얀 거짓말은 필요하지 않다'가 된다.

다음으로 결론에 대한 '근거(까닭)'를 든다. 입안에서 본론에 해당하며, 대회 토론에서는 근거를 세 가지로 들어 논증하는 것이 보통이나, 참사랑땀반의 교실토론에서는 까닭을 한 가지만으로 준비한다. 수민이의 근거는 '왜냐하면, 하얀 거짓말은 또 다른 거짓말을 만들기 때문이다'가 된다.

근거를 들었다면 그 까닭이 옳고 그름을 보충하는 '설명'을 한다. 구체 자료로 까닭을 보충하는데, 4단 논법에서 '예를 들면'에 해당한다. 경험, 신문 기사, 책, 전문가의 의견들이 해당하며, 경험이 아닌 신문 기사나 책에서 설명 자료를 가져올 때는 출처를 명확하게 밝혀야 한다. 수민이는 다음과 같이 설명하였다.

얼마 전 친구 집에 놀러 갔는데, 친구 어머니께서 "떡볶이 먹을래?" 하셨습니다. 사실 전 떡볶이가 먹고 싶지 않았는데도 친구 어머니를 생각해 그냥 "네" 대답했습니다. 먹어 보니 맛이 없었지만, 그래도 맛있다고 말씀을 드렸습니다. 그 뒤에 친구 집에 다시 놀러 갔는데 또 떡볶이를 주셔서 친구 집에 가는 게 싫어졌습니다. 처음부터 친구 어머니에게 떡볶이를 먹고 싶지 않다고 말씀드렸더라면 더 좋았겠다 싶었습니다.

설명을 한 다음에는 '반론 꺾기'를 한다. 반론 꺾기란 내가 한 주장과 근거에 상대방이 자신의 입장에서 반론할 것을 알고, 미리 상대방이 할 반론을 언급하면서 그것도 알고 있으며 해결할 수 있음을 밝혀 내 주장이 옳음을 부각시키는 과정이다.

물론 반대에서는 이 주장에 '친구 어머니가 기분이 좋았을 것이고, 그 결과 친구도 자기 어머니에게 칭찬을 받을 수 있다고 말할 수 있을 것입니다. 그러나 그것은 한 번 가는 경우입니다. 우리가 친구 집은 자주 갑니다. 자주 갈 경우에는 이런 하얀 거짓말로 도리어 힘들 수 있습니다.

예외 정리는 마지막으로 자기주장을 다시 정리하는 단계에서 한다. 토론에서는 어떤 주장이든 '예외'가 있는데 그 예외를 말하면서 자신의 주장을 확실히 하는 것이다.

의사들이 환자에게 안심시키는 하얀 거짓말은 사람의 목숨과 관련한 것이니 인정합니다. 그렇지만 우리 삶에서는 하얀 거짓말을 하기보다 솔직하게 말해 서로 오해가 쌓이는 일이 없어야 하겠습니다. 그래서 저는 하얀 거짓말은 필요하지 않다고 생각합니다.

예외 정리와 함께 본론에서 제시한 근거를 정리하여 '지금까지 저희 편에서는 첫째, 둘째, 셋째의 근거로 이 논제에 관해 찬성(반대)합니다. 이상입니다(고맙습니다)'로 마무리한다.

■ 초등학생은 4단 논법이 적합하다

초등학생에게 4단 논법과 6단 논법을 모두 해보니, 4단 논법을 훨씬 편하게 생각한다. 4단 논법과 6단 논법을 견주어 보면, 6단 논법에는 반론 꺾기와 정리에서 예외 정리가 추가된다. 물론 학습 능력에 따라 다르겠지만, 초등학생에게 반론 꺾기와 예외를 고려한 정리는 쉽지 않았다. 초등학생에게는 4단 논법을 추천한다.

4단 논법	6단 논법
(논제)	안건
주장	결론
근거	근거
설명	설명
	반론 꺾기
정리	예외 정리

■ 입안 쓰기 예

안녕하십니까? 저는 윤리적 소비를 해야 한다는 토론 주제에 찬성측 입안을 맡은 허은정입니다.

공정 무역이라는 단어는 윤리적 소비와 관련이 있는데, 그 까닭은 윤리적 소비가 공정 무역 운영을 포함한 소비자 운동의 일환이기 때문이라고 합니다. 공정 무역의 공동 원칙에는 아동 노동의 금지, 적절한 노동 조건, 환경적 지속 가능성, 최소 가격 보장 등이 있다고 합니다. 윤리적 소비가 증가하기 위해서는 공정 무역이 늘어날 필요가 있고 위의 조건들이 지켜져야 할 필요가 있다고 생각합니다. 그렇다면 지금부터 윤리적 소비를 해야 한다고 생각하는 까닭을 말씀드리겠습니다.

첫 번째는 생산자에게 제대로 된 수입을 분배하여 적절한 수입을 얻게 하고 아동 노동을 막기 위해서입니다. 경향신문에 따르면 커피 이익의 99%는 거대 커피 회사, 판매업자, 중간거래상의 몫이고 커피 재배 농가의 몫은 1% 미만이라고 나와 있습니다. 또한 네이버 지식백과에 따르면 일반 커피는 수입의 0.5%밖에 농민에게 돌아가지 않지만 공정 무역 커피는 일반 커피의 12배가 농민에게 수익으로 돌아간다고 합니다. 이 수치만 봐도 공정 무역 제품이 일반 제품보다 생산자에게 정당하고 적절한 수익이 돌아간다는 것을 알 수 있습니다. 또한 국제노동기구에 따르면 2004년 당시 전 세계 15살 미만 어린이 노동자는 1억 6천 6백만 명으로 전체 노동자의 16%나 차지하고 있다고 합니다. 심지어 인도에서는 750만 명에서 900만 명의 어린이들이 노동에 종사하고 있습니다. 어린이 노동자들은 최소한의 인권도 존중받지 못한 채 최악의 환경에서 일을 하며, 고용주에게 폭행, 폭력이나 학대를 받기도 합니다. 그렇기 때문에 윤리적 소비를 하여 생산자들이 공정하게 수입을 얻고 어린이들이 노동을 하는 것을 막아야 한다고 생각합니다.

둘째로는 소비자들이 윤리적 소비를 하려는 인식이 높기 때문입니다. 이타뉴스 2012년 5월 21일자 기사에 따르면 대한상공회의소가 소비자 509명을 대상으로 윤리적 소비에 대한 소비자 인식을 조사한 결과, '가격과 품질이 비슷하다면 윤리적 가치를 반영한 제품을 구매하겠는가?'라는 질문에 72.9% 거의 73%가 그렇다고 대답하였습니다. 또한 '지난 1년간 윤리적 소비를 했다'는 응답 비율은 59.6%였고, '윤리적 소비에 대한 관심이 1년 전과 비교해 늘었는지'에 대한 것에서는 33.6%가 긍정적으로 대답했으며 감소했다는 대답은 9%밖에 되지 않았습니다. 아직은 친환경 공정 무역 상품들이 일반 제품보다 비싸지만 소비자들이 윤리적 소비를 많이 하고 공정 무역 제품들을 많이 구매하게 된다면 큰 회사들도 공정 무역 제품을 더 찾게 되어 윤리적 소비를 활성화시킬 수 있을 것입니다. 또한 아름다운 커피라는 공정 무역 가게는 윤리적 소비 운동의 확산을 위해 세미나, 일일카페, 거리 행사 등도 합니다.

셋째로는 환경을 보호하기 위해서입니다. 윤리적 소비에는 에너지 절감 제품 사용, 로컬 푸드 등이 있는데 에너지 절감 제품 사용이라는 것은 에너지가 덜 사용된다는 제품을 사용하는 것이고, 로컬 푸드는 장거리 운송을 하지 않는 지역 농산물을 말하는 것으로 흔히 50km 이내에서 생산된 농수산물을 지칭한다고 합니다. 이러한 일들이 왜 환경에 좋은지, 왜 좋게 만드는지 잘 모르는 사람들이 있을 겁니다. 그래서 좋은 점에 대해서 설명을 해 드리려고 합니다. 〈세상을 바꾸는 착한 거래, 윤리적 소비〉라는 책에 따르면 우리나라 사람들이 칠레산 포도를 먹기 위해서는 1년에 26,070톤의 이산화탄소를 배출한다고 합니다. 이산화탄소 배출은 지구 온난화를 더 불러일으킵니다. 또한 운송 거리가 멀어질수록 과일이나 채소 등을 신선하게 보존하기 위해서 화학 약품과 비료를 더 뿌리게 됩니다. 그렇기 때문에 에너지 절감 제품이나 로컬 푸드를 사용하여 환경에 도움이 되고 환경을 보호해야 할 필요가 있습니다.

지금까지 저희 편에서는 첫째, 생산자에게 제대로 된 수입을 분배하여 적절한 수입을 얻게 하고 아동 노동을 막기 위해서, 둘째, 소비자들이 윤리적 소비를 하려는 인식이 높고, 셋째, 환경을 보호하기 위해서 윤리적 소비를 해야 한다고 했습니다.

이상으로 입안을 마치겠습니다.

- 허은정(우리아이토론 중에서)

반박

반박의 원칙

반박(반론)은 상대가 입안에서 내세운 주장과 근거를 하나하나 논리로 따지는 일이다. 상대가 제시한 관련 자료까지도 하나하나 따진다. 그러기 위해서는 상대가 내세우는 주장과 근거, 관련 자료(사례)를 잘 들어야 한다. 그냥 듣기만 해서는 놓칠 수 있기 때문에 메모를 하며 듣고, 메모하면서 어떻게 반박할지 계속 생각해야 한다. 무엇보다 상대 입안의 내용을 이해해야 반박을 제대로 할 수 있다. 그러려면 토론 준비가 철저해야 하는데, 그래서 토론은 말싸움이 아니라 자료의 싸움이라고도 한다. 반박은 다음 원칙으로 진행한다.

첫째, 하나하나 반박한다. 입안에서 상대가 내세운 주장을 하나하나 짚어서 따지는 게 반박으로, 만일 상대가 주장의 근거로 세 가지를 들었다면 그 세 가지를 하나하나 모두 반박해야 한다. 우리 편에서는 그 세 가지 근거가 합당하지 않음을 밝히기 위해서 근거에 내세우는 관련 자료가 옳지 않음을 짚어야 한다. 상대가 입안에서 성을 쌓았다면 하나

하나 반박하며 그 성을 무너뜨려야 한다. 만일 상대가 내세운 근거에서 하나라도 반박하지 않으면 그것을 인정한 것이 되며, 심판은 상대 주장을 받아들인 것으로 판정하므로 반박에서 꼭 주의해야 할 일이다.

둘째, 입안에서 놓친 것을 보충한다. 입안을 하다 보면 정해진 시간에 다 마치지 못할 때가 있다. 토론은 정해진 시간에 입안을 끝내야 해서 말하지 못한 내용이 있을 수 있는데, 그 때문에 토론 대회에 나오는 학생들은 미리 시간을 계산하며 연습하기도 한다. 하지만 교실에서는 그렇게 시간을 재면서 토론을 연습하기는 쉽지 않다. 만일 입안에서 우리 편이 내세우지 못한 내용이 있다면, 그것을 반박에서 보충해서 말할 수 있다. 또한 반박 이전에 있는 교차조사 또는 교차질의(묻고 답하기)에서 우리 편이 제대로 대답하지 못한 내용이 있다면 그것도 반박에서 답할 수 있다. 반박을 제대로 활용하면 우리 편에 유리하도록 이끄는 데 큰 도움이 된다.

셋째, 순발력이 필요하다. 토론의 반박을 맡았다면 상대가 하는 주장에 따라 반박하는 내용을 달리 하면서 바로 반박을 할 수 있어야 한다. 상대가 어떤 근거로 주장을 내세울지, 관련 자료로 무엇을 들고 나올지 알 수 없기 때문에 그 순간에 대처하는 힘이 있어야 한다. 토론하면서 내세우는 근거, 가지고 나온 자료를 듣고서 순간 반박할 내용을 만들고 심판이 알아들을 수 있도록 논리를 갖추어 대응한다.

넷째, 상대편이 주장할 내용을 미리 알아 둔다. 다른 일을 할 때는 무엇을 준비할 때 내가 맡은 것만 제대로 준비하면 되지만, 토론은 내가 맡은 편(찬성이든 반대든)의 자료만 준비해서는 상대와 제대로 맞설 수 없다. 특히 반박은 더 그렇다. 상대의 토론 내용에 따라 실시간으로 반박할 수 있어야 하지만, 웬만한 사람은 그게 쉽지 않다. 상대가 말하는 내용을 이해하고 논리 있게 반박하려면 우리 또한 충분한 자료 준비가 되어 있어야 한다. 토론 준비를 할 때 상대가 내세울 근거를 따져 보고 가지고 나올 수 있는 자료도 미리 예측해 보는 것이 좋다.

그런데 초등학생에게 반박은 쉽지 않다. 앞에 든 반박의 특징을 따져 보면 '이거 우리 학생들이 할 수 있겠어?' 하는 생각이 들 것이다. 사실 학원이나 동아리로 토론하고 배우는 학생이 아닌 이상 일반 교실에서 토론하는 학생이라면 반박을 하기가 어렵다. 그래서 참사랑땀반에서는 반박을 토론 진행 절차에서 빼고 하고 있다.

반박문 구성하기

입안이 논설문의 성격을 갖는다고 하였다. 마찬가지로 반박도 논설문의 성격을 가지며 서론, 본론, 결론으로 구성된다.

서론은 들어가는 말이지만, 말로 하는 토론이므로 자기소개로 시작한다. 이어 상대가 주장한 근거를 하나하나 짚으며 언급한다. 이렇게 상대 주장의 근거를 정리하는 것으로 시작하는 것이 보통이다. 서론은 관심을 끄는 것이 목적이므로 이와 함께 논제와 관련한 자기주장에 유리한 경험이나 최근 뉴스를 꺼내는 것도 좋다.

본론은 상대가 입안에서 세운 주장을 하나하나 제대로 무너뜨리는 공간이다. 상대가 주장한 근거를 하나하나 논리로서 따져 반박한다. 먼저 상대의 주장에 든 근거가 적절한지 따진다. 근거에 힘을 보태기 위해 가져온 설명 자료 즉, 경험, 신문 기사, 관련 책, 관련 전문가 따위가 정확한지 확인해야 한다. 또 상대방 주장의 논리에 취약점은 없는지 찾아봐야 한다. 논리를 따지다 보면 상대 주장에서 논리의 오류를 찾을 수 있기 때문이다.

결론에서는 지금까지 말한 내용을 정리하며 마친다.

주의해야 할 논리의 오류

초등학생들에게 논리의 오류를 찾는 일은 조금 어려울 수 있으나 다음의 보기는 초등학생들도 찾을 수 있다.

첫째는 성급한 일반화의 오류이다. 너무 적은 사례로 결론을 도출하는 경우로, '참사랑땀반 10명을 조사했을 때 1박 2일보다 무한도전을 더 좋아한다고 하였다. 이것으로 볼 때 우리 5학년은 1박 2일보다 무한도전을 더 좋아한다'는 식으로 결론짓는 것을 예로 들 수 있다.

둘째는 힘에 의존하는 오류이다. 주장을 펼 때 논리적으로 설득하지 못하고 지위나 나이로 논거를 펴는 일이다. 예를 들어 집에서 아버지와 아들이 '일기 쓰기'로 토론하는데, 아버지는 일기를 써야 한다는 주장이고 아들은 일기는 쓰지 않아도 된다는 주장이다. 아들이 일기 쓸 시간이 없고 일기를 쓰고 싶지 않은데 억지로 쓰니 힘이 들어 일기가 싫다는 주장을 펴는데, 아버지는 "너 정말 그렇게 일기 쓰기 싫으면 다 그만 둬" 하는 말로 화내며 나가 버리는 경우다.

세 번째는 개인 관계에 호소하는 것으로, 정 때문에 논지를 받아들이게 하는 오류를 말한다. "넌 나랑 친하니까 내가 하는 주장을 따라야 해", "넌 내가 사랑하는 아들이니까 엄마인 내가 하는 말이 옳다고 해야지" 등이 속한다.

네 번째는 대중에 호소하는 오류로, 말 그대로 많은 사람이 그렇다고 생각하기 때문에 이것이 옳다고 주장하는 것이다. "무한도전을 많은 사람들이 좋다고 하니까, 우리는 그것을 봐야 해" 같은 식이다.

다섯 번째로 부당한 대비의 오류를 꼽을 수 있다. 듣는 사람이 말하는 사람의 주장에서 낱말이나 어구를 다르게 강조해서 말하는 사람의 주장과 대비되는 주장으로 추리하는 논증이다. 한 예로, 영어 선생님이 "수민아, 너는 무슨 과목을 좋아하니?" 하는 말에 수민이가 "네, 전 체육 좋아해요" 대답하자 "그럼 내가 가르치는 영어가 싫다는 거네" 하는 식이다.

■ 반박문 예

안녕하십니까? 저는 착한 소비를 해야 한다는 논제에 반대팀 반박을 맡은 정선영입니다.

찬성팀은 첫 번째 주장으로 생산자들이 적절한 수입을 받을 수 있다고 했고, 두 번째에서는 윤리적 소비를 하려는 사람이 많다고 했고, 세 번째에서는 환경 보호를 위해서 윤리적 소비를 해야 한다고 했습니다. 이 주장을 하나하나 반박하도록 하겠습니다.

먼저 상대편 찬성팀의 첫 번째 의견, 첫 번째 주장에서 생산자들이 적절한 수입을 받을 수 있다고 하셨는데, 생산자들에게 적절한 수입이 되어 준다고 하더라도 공정 무역의 제품이 잘 팔리지 않으면 생산자들에게도 돈이 가지 못합니다. 그런데 지금 공정 무역 초콜릿은 일반 초콜릿의 약 7배가 비싼데, 그렇다면 소비자들에게 경제적 부담이 클 것이라고 생각합니다.

두 번째로 윤리적 소비를 하려는 사람이 많다고 하면서 많은 국민들에게 투표 같은 걸 해서 가격과 품질이 같다면 72%의 사람이 공정 무역 제품을 산다고 하셨는데 그런데 여기에서는 가격과 품질이 비슷하다는 조건으로 실시한 것이기 때문에 72%의 사람이 좋다고 응답을 한 것이지, 지금 같은 경우에는 가격이 달라서 많은 사람들의 생각이 바뀔 수도 있다고 생각합니다.

세 번째에서는 환경 보호를 위해서 윤리적 소비를 해야 한다고 하셨는데, 환경 보호는 윤리적 소비가 아닌 다르게도 환경 보호를 할 수 있기 때문에 굳이 윤리적 소비를 꼭 해야지만 환경 보호가 되는 것은 아니라고 생각합니다.

그리고 방금 조민식 토론자님께서 반박한 걸 재반박하도록 하겠습니다.

먼저 첫 번째로는 아예 그 일자리를 기다리다 보면 가난한 아이들이 더 가난하지 않고 구제가 된다고 하셨는데, 가난한 아이들이 지금 자신의 생계를 위하여 할 수 있는 일은 카카오 재배를 하고 축구공을 만드는 일밖에 없습니다. 일자리가 창출될 때까지 기다리다 보면 자신의 생계가 위험할 수도 있다고 생각합니다. 그리고 또 저희 팀 이희문 토론자님께서 공부와 일 중에 일을 해야 한다고 하자 조민식 토론자님께서 일보다 공부를 중요하게 하고 더 해야 한다고 하셨는데 가난한 아이들에게 공부를 할 조건이 되는지가 말이 안 된다고 생각합니다. TV에서 자주 아프리카나 가난한 나라의 아이들이 나오는데 그런 아이들이 일을 하는 것은 학교에서 공부를 하는 조건이 열악하기 때문에 일을 더 많이 하는 것입니다. 그래서 조민식 토론자님께서 한 말은 좀 말이 안 된다고 생각합니다.

지금까지 저는 착한 소비를 해야 한다는 찬성편의 주장 세 가지를 하나씩 반박했습니다. 그리고 상대 토론자의 반박에 재반박도 했습니다. 이것으로 반박을 마치도록 하겠습니다. 감사합니다.

- 정선영(우리아이토론 중에서)

교차조사, 교차질의

치열하게 질문하는 시간

토론에서 상대 주장(입안 또는 반박)의 모순, 자료의 사실 관계, 자료의 취약성을 확인할 수 있는 방법이 질문 시간이다. 질문 시간에 상대를 잘 공략하면서 우리 편에 유리하도록 이끌 수도 있다. 질문 시간은 치열하여 보는 사람까지도 긴장하게 만들 때가 많다. 이런 질문을 어떻게 운영하느냐에 따라 그 이름을 교차조사 또는 교차질의라고 하는데, 이것은 입안이나 반박 다음에 들어간다.

질문의 좋은 점

우선 질문을 하면 좋은 점을 살펴보자.
〈질문의 7가지 힘〉(도로시 리즈, 더난 출판)에는 '질문의 일곱 가지 힘'을 다음과 같이 꼽는다.
첫째, 질문을 하면 답이 나온다.
"오늘은 무슨 요일이죠?"(수렴형 질문)

"월요일요."

"주말에는 무엇을 했나요?"(개방형 질문)

이렇게 질문을 하면서 주말에 있었던 이야기로 알고 싶은 것을 알 수 있다.

둘째, 질문은 생각을 자극한다.

"무슨 음식을 하고 싶나요?"

"떡볶이를 하고 싶어요."

"떡볶이를 하려면 어떤 것이 있어야 하죠?"

"떡과 고추장, 채소가 있어야 해요."

"그건 어떻게 구할 거죠?"

"모둠에서 나누려고요."

"어떤 방법으로 나눌 건가요?"

"필요한 거 다 내놓고서 가져오겠다는 것을 선택하도록 하고, 그게 안 되면 가위바위보로 정하면 될 것 같아요."

셋째, 질문을 하면 정보를 얻는다.

"선생님, 기타에서 '민들레'는 무슨 주법으로 해요?"

"그거 고고로 치면 돼."

"어떤 노래를 고고로 치는 건데요?"

"조금 빠른 노래인 게지. 4/4박자 곡으로."

"그럼 '구만이' 노래도 고고로 치면 되겠네요?"

"그렇지."

넷째, 질문을 하면 통제가 된다.

"선생님, 우리 나들이 모둠이 어떤 일을 해야 하나요?"

"응. 우리가 나들이 갈 때 앞뒤에 서서 안전하게 이동하는 것을 봐주는 거야."

질문으로 끌려가지 않고 자기들이 해야 할 일을 스스로 찾아 세울 수 있다.

다섯째, 질문은 마음을 열게 한다.

"유민아, 비원에이포 언제 나오지?"

"음악캠프에 나와요."

비원에이포를 좋아하는 유민이 방긋 웃으며 대답한다.

여섯째, 질문은 귀를 기울이게 한다.

"자, 발표 들으면서 질문을 하나씩 만들어 보세요."

일곱째, 질문에 답하면 스스로 설득이 된다.

"민재를 칭찬해 봐요. 어떤 게 있을까요?"

민재에 대한 여러 칭찬이 나올 수 있다. 생각하지 않았던 여러 칭찬에 자기도 몰랐던 사실을 알게 되어 민재는 자신에 대해 다른 생각을 갖게 된다.

일상생활뿐 아니라 토론에도 질문은 힘을 보태 준다.

첫째, 질문은 토론 준비에서 자료를 잘 준비하게 한다.

둘째, 질문은 상대가 하는 발표 내용을 잘 듣게 한다.

셋째, 질문은 상대가 하는 발표 내용을 비판적으로 듣게 한다.

넷째, 질문은 순발력을 키운다.

다섯째, 질문은 토론에 재미와 긴박감을 불어 넣는다.

토론에서 질문하는 방법

첫째, 개방형 질문은 삼간다. 토론에서 질문은 주도권 싸움이다. 질문하며 상대의 허점을 파고들어야 하는데 그러려면 질문을 잘 해야만 가능하다. 또한 질문을 할 때 상대에게 말할 수 있는 기회를 적게 주는 게 유리하다. "~입니까?", "~라고 말씀하셨죠?" 하며 물어 "네" 또는 "아니오"처럼 간단한 대답으로 유도한다. 또는 "~는 무엇이죠?" 하고 물어 단답형으로 답하도록 한다. "~에 대해 어떻게 생각하십니까?" 같은 개방형 질문을 하여 상대방이 설명을 자세하게 하는 것은 토론에서 좋은 질문법이라고 할 수 없다.

하지만 교실에서 질문하는 방법을 가르칠 필요는 없다. 토론 연수나 토론 수업에서 토론 실습을 하면 교사나 학생들이 공통으로 질문을 꽤 어려워한다. 교사들은 개방형 질문보다 수렴형 질문을 하도록 연습을 시키지만, 교실에서는 질문하는 방법을 따로 가르치지 않고 질문할 수 있는 기회를 많이 준다. 토론을 자주 하며 학생들은 스스로 질문하는 힘을 쌓는다.

둘째, 1분에 두세 개의 질문이 적당하다. 교차조사나 교차질의를 하는 사람은 상대 입안이나 반박에 집중해야 하기 때문에 상대가 하는 말을 메모하며 들어야 한다. 그러다가 질문할 것이 생기면 바로 표시해 두어야 한다. 상대가 말하는 사이에 질문을 만들어야 하니 교차조사를 맡은 사람은 집중력이 아주 좋아야 한다. 질문은 보통 1분에 두세 개 정도 할 수 있도록 준비하는 게 좋은데, 교차조사가 3분이라면 6~9개 정도 질문을 준비한다. 막상 질문 과정에서는 그 자리에서 상대의 대답에 질문하는 경우도 많으나 미리 준비해 두는 것은 꼭 필요하다. 다만 질문이 쟁점에서 너무 벗어나지 않도록 주의한다.

셋째, 알고서 질문해야 한다. 토론에서 질문은 나에게 유리하기 이끌어야 하는데 모르는 것을 무조건 물어서는 도리어 나에게 불리하게 작용할 수 있다. 질문하는 사람이 질문을 했는데 상대가 모른다고 하면 "그건 ○○입니다" 하고 알려 주면 질문하는 사람에게 토론 상황이 훨씬 유리해진다. 거꾸로 질문을 했는데 상대가 대답을 하면서 그것과 관련한 질문을 다시 던질 수도 있다. 이때 대답을 못하면 도리어 자신이 모르는 것을 내보인 꼴이 되므로 토론에서는 모르는 것을 물을 수도 있지만, 내가 대답할 수 있는 정도는 알고서 질문을 해야 한다.

반대로, 토론에서 대답은 어떻게 해야 할까? 교차조사나 교차질의에서는 질문만큼 중요한 게 대답이다. 상대가 묻는 말에 제대로 대답해야만 상대보다 유리하게 토론을 이끌 수 있다. 우선 상대의 질문을 받을 때 자신감 있게 또렷하게 대답해야 한다. 만일 잘 모르는 질문을 하더라도 당황하지 않는다. 당황하지 않고 질문에 다시 질문하여 시간을 끌며 생각을 다듬을 수도 있다. 대답하는 모습들을 유심히 보면 횡설수설하는 학생이 많은데, 제대로 모를 경우에 대체로 그렇다. 질문에 답변은 명쾌하게 하는 것이 좋다. 명확하게 결론부터 말하고 설명을 이어가는 방식으로 말하는 게 좋다. 또한 상대방과 이야기를 주고받는 상황이니 예의를 갖춰서 대답해야 한다.

교차조사와 교차질의의 차이

교차조사는 대회 토론에서 많이 쓰는 질문 형식이다. 교차조사는 묻는 사람과 대답하는 사람이 구분되어 한 사람이 묻고, 다른 사람이 그

물음에 답한다.

| ① 찬성 1 토론자 : 입안(반박) | ⇐ | ② 반대 1 토론자 : 교차조사 |

 찬성 1 토론자가 입안(반박)을 펼쳤을 때 교차조사를 맡은 토론자, 여기에서는 반대 1 토론자가 그 입안(반박)에 대해 질문을 한다. 그러면 찬성 1 토론자는 그 질문에 답한다.

 교차조사가 묻고 답하는 사람이 구분되어 있는 반면, 교차질의는 두 사람 모두 묻고 답하기에 참여한다. 서로 물을 수 있기 때문에 토론의 주도권을 쥐기 위해 질문을 먼저 하려고 하는데, 그래서 첫 번째 질문하는 사람은 정해 둔다. 보통 입안(반박)을 먼저 말한 사람이 첫 번째 질문을 하고 첫 질문 외에는 토론자들이 자유롭게 묻고 답하기에 참가할 수 있다.

| ① 찬성 1 토론자 : 입안(반박) | ⇔
③ 교차질의 | ② 반대 1 토론자 : 입안(반박) |

 위의 예처럼 찬성 1 토론자가 입안(반박)을 펼치고 바로 이어서 반대 1 토론자가 입안(반박)을 편 다음, 입안(반박)을 펼친 두 사람이 서로 묻고 답한다.

 교차조사와 교차질의에 따라 학생들이 보이는 모습이 다르다. 교차조사는 상대의 입안(반박)을 듣고서 그것에 대해서만 질문하고, 입안(반박)을 편 사람은 질문 내용에 대답한다. 그래서 하나의 주제로 집중이 가능하고, 한 사람이 펼친 입안(반박)으로만 질문을 하니 내용을 깊이 있게 살필 수 있다.

교차질의는 서로 입안(반박)을 펴고, 이어서 입안(반박)을 편 사람끼리 질문하고 답하는 형식이다. 교차조사보다 훨씬 치열하여 토론 참가자는 정신없이 시간이 흐르는 경험을 하게 된다. 그만큼 토론 참가자가 집중하고 쉴 틈 없이 생각해야 하는 것이다. 교차질의는 입안(반박)을 편 두 사람이 한꺼번에 질문과 답변을 하기 때문에 교차조사보다 시간을 조금이라도 줄일 수 있는 장점이 있다.

교차조사와 교차질의는 한 사람이 묻고 한 사람이 대답하거나, 두 사람이 서로 묻고 답한다. 이 둘 앞에 '전원'이라는 말이 붙은 전원교차조사와 전원교차질의 방법도 있다. '전원'은 '모두'를 나타내는 것으로 모두가 교차조사나 교차질의에 참여할 때 이 말을 붙인다. 전원교차질의는 토론의 형식 가운데 '퍼블릭 포럼 디베이트'에서 쓰며, 토론에 참여한 네 사람이 한꺼번에 서로 묻고 답한다. 전원교차조사는 대회 토론의 형식에는 없는 말이지만 교실에서 토론할 때는 쓸모가 많다.

마지막 주장과 작전 시간

'자신감'과 '감동'을 기억해야

마지막 주장(퍼블릭 포럼 디베이트에서는 마지막 초점)은 토론 마지막 단계로, 마지막으로 우리 편의 주장을 다시 한 번 펼치는 시간이다. 주장과 질문 그리고 반박을 거치면서 심판에게 마지막으로 우리가 이겼음을, 우리 주장이 더 타당함을 드러내어 말하는 시간이다. 만일 대회라면 심판이 판정을 내리기 바로 앞 단계에서 하기 때문에 매우 중요하다.

토론 심판을 해보면 토론 과정에서 판정을 내리기 애매할 때가 많다. 그때 마지막 주장은 판정에 아주 중요한 영향을 끼친다. 마지막 주장에서 중요한 것은 '자신감'과 '감동'이다. 우리가 내세우는 주장이 더 옳음이 눈빛과 말, 자신감으로 드러나야 한다. 심판의 마음을 흔들 수 있는 '감동'을 줄 수 있다면 더 좋다. 영화 〈위대한 토론자들〉을 보면 토론 마지막 장면에서 토론자는 자기 경험으로 호소해 심판과 청중 모두가 일어나서 손뼉을 치게 만든다.

대회가 아닌 교실토론에서 마지막 주장은 2 : 2 토론이나 모둠 토론, 학급 전체 토론에서 많이 쓰며 정리하는 성격이 크다. 토론 과정을 거치면서 우리 주장을 다듬고 정리하는 시간으로 토론 과정에서 허물어진 우리 편 주장을 손봐서 세우고, 상대의 허점을 다시 짚으면서 정리한다. 혼자서 정리하기는 어려우므로 한 학생이 역할을 맡더라도 생각은 함께 모을 필요가 있다. 그래서 보통 마지막 주장 앞에 '작전 시간'을 두기도 한다.

토론 형식에 따라 다른 작전 시간

토론 연수에서 토론 실습을 하기 전에 "자, 작전 시간으로 3분 드릴게요. 짝과 주장을 다듬고서 3분 뒤에 토론 시작하겠습니다" 하면 그 말이 끝나기 무섭게 토론자들이 집중한다. 그 짧은 시간에 짝과 주장을 나누고 다듬어야 해서 집중이 최고에 다다르는데, 토론을 마치고 토론 전 작전 시간이 어떠했는지 물으면 한결같이 "아무 소리도 안 들렸어요" 한다. 작전 시간은 토론 과정에서 보통 크게 셋으로 나누어 쓴다. 토론 시작 전, 토론 중간, 마지막 주장 앞이다.

- 토론 시작 전 : 몇 분을 주어 토론할 준비를 하도록 할 때
- 토론 중간 : 반론이나 교차조사에서 생각이 떠오르지 않을 때
- 마지막 주장 앞

토론 형식에 따라서도 작전 시간을 쓰는 방식이 다르다. 작전 시간이 대회 형식에 들어 있어서 의무로 써야 하는 경우와 토론자들이 필요할

때 요청해서 쓰는 방법이 있다.

작전 시간은 '준비 시간'이라고도 한다. 작전 시간을 잘 활용하면 토론 진행을 매끄럽게, 우리 편이 모자란 부분을 여럿이 함께 고민하며 채울 수 있  다. 그만큼 짧은 시간 집중하며 생각을 모을 수 있다.

평가

평가의 항목

① 태도

평가할 때는 토론에 참가하는 모습을 다 담는다. 토론 준비부터 발표하는 자세, 듣는 모습, 들은 내용을 메모하는 모습이 모두 포함된다. 발표하는 자세는 바르게 서서 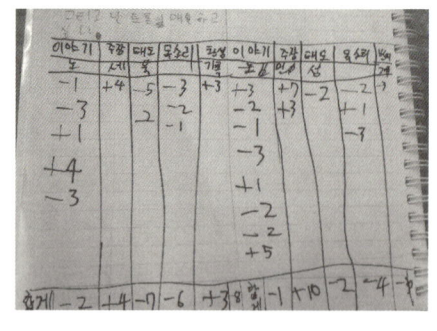 당당한 모습으로 하고 준비한 글을 보기 위해 공책으로 얼굴을 가리지 않게 주의하도록 한다. 다른 사람에게 질문할 때는 그 사람의 눈을 보며 말하도록 하고, 다른 사람이 말하는 것을 들을 때는 발표하는 사람을 보며 듣는 것이 기본이다. 상대방의 말을 듣다가도 중요한 내용이 있을 때는 메모하며 들어야 한다.

② 말(스피치)

토론에서는 말을 제대로 해야 하는데, 말에서는 발음, 크기, 빠르기 따위를 살핀다. 말하는 사람은 정확한 발음으로 또렷하게 말하고, 보통 표준말을 쓰도록 하는데 지방이라면 토박이말을 살려 써도 관계없다. 토론 상대뿐 아니라 심판, 참관인까지 들을 수 있는 크기로 말해야 한다. 흔히 긴장하면 말이 빨라지는데, 그런 버릇이 있는 사람은 말의 속도에도 신경을 써야 한다. 또 적당하게 끊어서 말해야 듣는 사람의 호흡과 맞아 듣기가 편하다. 입안은 보통 준비한 글을 참고하며 주장하는데 그때도 읽기보다는 말하듯이 자연스러워야 한다.

③ 논리

토론은 논리의 싸움이다. 논리에 맞지 않고서는 토론에서 이길 수 없다. 토론 평가에서 논리는 주장과 근거가 적절한지, 근거의 설명 자료가 근거를 뒷받침하는지, 그리고 정확한 자료인지 살핀다. 상대와 맞서는 쟁점을 찾아 잘 설명하며, 상대의 입안을 적절하게 반박하는가도 살핀다. 교차조사나 교차질의에서 상대에게 논리의 허점을 잘 공격하고 상대의 질문을 논리로 잘 방어해야 한다.

④ 협력(팀워크)

1 : 1 토론이 아니라면 2 : 2 토론이든 3 : 3 토론이든 학급 전체 토론이든 함께하는 사람이 있기 마련이다. 토론 준비에서 토론까지 같은 편끼리 협력이 잘 이루어져야 한다. 토론 자료를 함께 준비하는 것부터 실

제 토론까지 서로 의지하고 격려해야 한다. 또 토론에서 맡은 역할이 학생에게 맞아야 하는데, 그러려면 토론 전에 서로 협의하여 정해야 한다.

⑤ 형식

토론마다 형식이 있다. 토론 참가자들은 토론 형식에 따른 절차를 잘 지켜야 한다. "이제 제가 하면 되나요?", "제가 먼저 질문하면 되죠?" 하고 토론의 형식을 제대로 몰라 묻는 토론자도 있는데, 그렇게 해서는 토론에서 이길 수 없다. 각 단계에서 자신이 무엇을 어떻게 해야 하는지도 알고 있어야 한다. 내 차례가 되면 심판 안내가 필요 없이 차례에 맞게 토론할 수 있어야 한다. 토론에서 각 단계에 맞게 주어진 시간도 잘 지켜야 한다. 그러려면 토론 연습을 많이 하여 토론의 형식이 내 몸에 배어 있어야 한다. 강조하지만 토론에 참가하는 사람은 토론의 형식을 제대로 알고 있어야 한다.

⑥ 윤리

토론에서 상대를 배려하고 인정할 줄 알아야 한다. 상대를 존중하면서도 논리로서 이기려는 것이 토론하는 사람의 기본 태도다. 상대를 존중하기 위해 상대가 말할 때는 바른 자세로 귀 기울여 듣고, 상대방에게 말할 때도 정중하고 공손하게 예의를 갖춰야 한다. 상대의 인격을 무시하는 말이나 빈정거리는 말을 하거나 흥분하여 상대를 적대시하는 감정을 드러내서는 안 된다. 토론을 하기 전에는 상대와 웃으며 악수하며 서로 잘해 보자는 모습을 보이는 게 좋다. 또한 토론을 마치고서

는 먼저 다가가 수고했다고 격려해 줄 필요가 있다. 토론에는 결과가 따른다. 토론에서 이겼을 때는 상대를 배려하는 모습이 필요하며, 졌을 때는 승복할 수 있어야 한다. 결과에 따라 심판이나 상대 토론자를 비난하기보다 나 자신을 돌아보며 더 나은 성장을 위한 계기로 삼으려는 마음가짐이 필요하다.

■ **토론의 설득 대상은 상대편이 아니다!**

토론에서 우리는 상대편을 설득하기 위해 애쓴다. 그러나 상대편이 아니라 심판을 설득해야 한다. 토론에서 찬성과 반대는 자기주장을 논리로 펼치며 상대방의 주장을 적절하게 반박하고 질문으로 상대의 허점을 드러낸다. 토론을 평가하는 심판을 설득해 승리를 얻기 위해서다.

심판이 없는 토론이라면 토론을 지켜보는 사람들을 설득하는 것이 목적이다. 예를 들어 대통령 선거에서 여야 두 후보는 치열하게 공방을 벌이지만 서로를 설득하기 위함이 아니다. 두 후보는 텔레비전으로 지켜보는 시청자, 국민을 설득하기 위해 최선을 다한다. 이처럼 토론에 참가하는 사람들은 토론을 보는 사람들을 신경 써서 듣는 사람들의 수준을 고려하여 논리를 펼쳐야 한다. 되도록 쉬운 말로 해야 하는 까닭도 듣는 사람들을 고려해야 하기 때문이다.

■ **평가에서 유의할 점**

① 초등학생임을 고려한다.

토론의 평가에서는 논리가 가장 중요하지만 초등학생에게는 그것만큼 다른 항목도 중요하게 여길 필요가 있다. 초등학생은 전인적 성장이 필요하기에 논리와 함께 말이나 태도, 윤리, 협력처럼 어느 것 하나 중요하지 않은 게 없다. 또한 초등학생에게 너무 무리한 요구는 피하는 게 좋다. 교실 학생들 수준을 고려하여 평가 수준을 내리고 조금씩 성장하도록 돕는다.

② 평가 결과에 승복해야 한다.

토론에서 심판이 내린 결과에 승복할 수 있어야 한다. 그러나 도저히 납득할 수 없는 결과일 때는 심판에게 양해를 구하고서 왜 졌는지 알아볼 수는 있다. 토론에서 심판이 공정하게 보겠지만 사람이기에 논리와 함께 인사나 표정 같은 것도 영향을 끼친다는 것을 늘 마음에 담고 있어야 한다. 심판 역시 무거운 책임감으로 공정하게 보아야 한다.

③ 1, 2등을 뽑는 평가가 아닌 성장을 위한 평가여야 한다.

평가라는 말을 들으면 대회나 상장 그리고 등수가 먼저 떠오른다. 하지만 교실토론에서는 대회나 상장, 등수를 걷어 냈으면 한다. 학교의 토론 대회도 줄을 세우기 위한 평가가 아니라 학생들의 성장을 이끄는 평가를 하면 좋겠다. 토론에 힘들어하던 학생이 조금이라도 변화했을 때 그 모습을 칭찬하는 평가가 되도록 한다.

④ 한 번에 하나만 짚는다.

평가 항목이 여럿이기 때문에 토론을 마치고서 해 줄 이야기가 참 많다. 말하는 모습에도 도움말을 주고 싶고 토론에 참여하는 태도나 찾은 자료와 근거의 관련 정도에도 할 말이 있을 수 있다. 그런데 이런 것을 모두 한꺼번에 주면 학생들이 모두 자기 것으로 소화하기 힘들다. 그 가운데 가장 중요한 하나만 짚어 준다. 이왕이면 하나의 도움말에 두 개의 칭찬이면 더 좋다.

⑤ 승패를 꼭 따져야 할까?

앞에서 토론의 원칙에서 '역동성의 원칙'으로 승패를 따질 때 학생들은 준비를 꼼꼼하게 하고, 토론에도 열심히 참여한다고 말했다. 그러면서 교실토론에서 자주 할 때는 승패를 따질 때 그것이 학생 성장에 도움을 줄 수 있지만, 자주 하지 않는다면 승패를 따지지 않는 것이 좋겠다고 했다. 여기에 덧붙여 교실토론에서 토론을 꾸준하게 할 경우에 처음에는 승패를 따지더라도 갈수록 승패를 따지지 않아도 학생들은 열심히 참여하였다. 토론을 자주 하니 학생들은 토론이 가진 힘(적절한 긴장과 즐거움)으로 굳이 승패를 따지지 않아도 되었다.

4강

토론의 형식

토론은 스포츠 시합과 같다.
축구에 규칙이 있듯 토론에도 형식이 있다.

링컨-더글러스 토론

노예제 확대 문제에서 나온 토론 형식

〈브리태니커〉 사전을 찾아보면 링컨-더글러스 논쟁Lincoln-Douglas Debates에 대해 다음과 같이 나와 있다.

1858년 일리노이주 상원의원 선거 운동 때 민주당 소속 상원의원인 스티븐 A. 더글러스와 그에게 도전한 공화당 후보 에이브러햄 링컨이 준주(準州:아직 주의 지위를 갖지 못한 개척 지역)에 노예제를 확대하는 문제 등을 놓고 일곱 차례에 걸쳐 벌인 토론.

미국 링컨과 더글러스가 1858년 일리노이주 상원의원 선거에서 일곱 번의 토론을 벌인다. 논제는 '노예제 확대'였고, 상원의원 선거에서는 더글러스가 이긴다. 그렇지만 토론에서 정치적 영향력을 키운 링컨은 1860년 대통령 선거에서 대통령으로 당선이 된다. 이 토론을 1980년 미국 전국토론리그NFL : National Forensic League에서 대회용으로 가져온 형식이 '링컨-더글러스 토론'이다. 두 사람 이름 앞 글자를 따서 'L-D 토론'이라고도 부른다.

토론 진행

찬성	반대
입안(6)	
	교차조사(3)
	입안(7)
교차조사(3) 반박(4)	
	반박(6)
반박(3)	

* ( ) 안의 숫자는 시간을 표시하는 것으로 분을 뜻한다.

윤리, 철학의 논제에서 많이 쓰이는 토론

링컨-더글러스 토론은 가치 토론에 많이 쓴다. 노예제 존폐로 일곱 차례 벌인 토론에 기원을 두고 있기 때문이다. 노예제는 정책이기도 하지만, 그 바탕은 '노예제를 어떻게 보는가?', '노예가 있어야 하나?' 같은 개인 가치관의 문제이다. 이렇듯 살아가며 갈등을 겪기 마련인 윤리, 철학의 논제로 토론하는 가치 토론에서 1 : 1 형식인 이 토론을 많이 쓴다. 어떤 일을 두고 그것을 좋게 보는 사람과 좋지 않게 보는 사람이 생각의 차이로 토론하는 것이다. 사람의 생각은 사람마다 달라 1 : 1 토론이 어울린다. 이 형식을 교실토론에서는 짝 토론으로 변형해서 쓸 수 있다.

토론자의 부담이 크다

1 : 1 토론이라 토론자의 부담이 큰 것도 특징이다. 대회용 토론으로 제시한 다섯 가지 토론에서 유일하게 1 : 1 토론으로, 토론 준비에서 토론까지 혼자서 해야 한다. 입안을 6분간 펼치는 것도 쉽지 않지만, 사실 입안보다 토론 진행을 위한 준비에 더 충실해야 한다. 상대편 입안을 듣고 질문을 하면서 그 내용을 반박도 해야 하고, 상대편 질문에 대답도 해야 하기 때문이다. 그 몫을 혼자서 다 하기 때문에 토론에 참가한 사람의 실력이 그대로 드러나는 형식이기도 하다.

찬성으로 시작해 찬성으로 끝난다

토론의 원칙에서 '합리성의 원칙'이 있어 토론에서 양쪽에 같은 기회와 같은 시간을 주어야 한다고 하였다. 그런데 여기에서는 찬성에서 네 번의 기회를 갖는 반면, 반대는 세 번의 기회만 갖는다. 언뜻 불공정해 보일 수 있으나 시간을 계산하면 찬성도 16분, 반대도 16분이다. 이렇듯 시간은 같으나 기회가 다른 것은 찬성으로 시작해 찬성으로 마치기 위해서다.

링컨-더글러스 토론, 의회식 토론, CEDA 토론처럼 오래 전에 만들어진 토론은 공통으로 찬성에서 시작해 찬성으로 마친다. 그 까닭은 논제의 특징에서 찾을 수 있다. 앞에서 설명한 논제의 특징에서 '논제는 현실에 반대되게 제시한다'고 하였다. 현실에서 하던 것은 하지 말자고 하거나 하지 않는 것을 새롭게 하자고 하는데, 찬성편은 이런 논제에 찬성한다. 그러니 현실에 문제를 제기하는 편이 찬성일 수밖에 없고, 찬성편이 입안으로 먼저 문제 제기를 하는 것이다. 이런 문제 제기에 반대편은 반박을 하며 방어하며, 찬성편이 마지막에 다시 한 번 논제에 대한 생각을 정리하도록 하는 것이다. 이 토론에서는 찬성으로 끝내기 위해 찬성편의 반박을 둘로 나누어 배치한다.

작전 시간이 없다

링컨-더글러스 토론은 작전 시간이 없다. 보통 토론에서는 작전 시간을 적절하게 쓰도록 하는데, 이 토론에서는 작전 시간이 주어지지 않는다. 대회용 토론에서 작전 시간이 없는 토론은 이 토론과 의회식 토론이다. 작전 시간이 없으니 토론에 더 집중해야 하며 준비도 충실해야 한다. 교실토론에서도 이 토론처럼 작전 시간을 주지 않고 하는 경우가 많은데, 그럴 때 학생들의 호흡이 끊기지 않아 집중할 수 있다는 장점이 있다.

의회식 토론

영국 의회에서 따온 형식

영국 의회의 모습을 바탕으로 한 토론 형식으로, 1820년대에 옥스퍼드와 케임브리지의 학생회가 하던 토론 형식에 기초를 둔 것이다. 의회에서 가져온 토론 형식이라, 토론 참가자를 총리, 여당 의원, 야당 당수, 야당 의원으로 부른다. 형식은 다음과 같다.

찬성		반대	
수상 (1 토론자)	여당 의원 (2 토론자)	야당 당수 (1 토론자)	야당 의원 (2 토론자)
입안(7)			
		입안(8)	
	입안(8)		
			입안(8)
		반박(4)	
반박(5)			

교차조사가 없다

의회식 토론의 특징은 첫째, 교차조사가 없고 발언권 요청POI : point of information이 있다. 토론의 요소로 입안과 반박이 있으며, 다른 토론에 있는 묻고 답하는 교차조사가 없다. 교차조사를 두지 않는 대신 발언권 요청이 있다.

토론의 형식에서는 발언권 요청이 드러나지 않는데, 그 까닭은 발언권 요청을 진행하는 방법에서 알 수 있다. 발언권 요청은 입안이 시작되어 발언에 1분이 지난 뒤부터 종료 1분 전까지만 할 수 있다. 입안이 8분이라면 처음 1분과 마지막 1분에는 발언권 요청을 할 수 없고, 그 사이 6분 동안만 할 수 있다. 발언권 요청으로 묻고 답한 시간은 입안 시간에 포함되는 것을 주의해야 한다.

■ 미리 약속하기 : 발언권 요청 방법
① 오른손을 앞으로 뻗으면서 말한다.
② 15초 정도로 짧게 말한다.
③ 횟수는 정해져 있지 않지만 2~3회를 넘지 않도록 한다.
④ 물을 때는 "○○, 그 점에 대해서……" 하며 발언권을 요청하고 기다린다. 발언권 요청을 받아들이지 않으면 그대로 앉아야 한다.

토론 주제를 미리 주지 않는다

미국에서 이 토론으로 대회를 열 때는 토론 주제를 미리 주지 않는다. 참가자들은 대회에 나와서 토론 주제를 받고서 토론에 참여하기 때문에 토론 참가자의 기본 상식과 지식이 큰 몫을 차지하는 토론이다.

보통 토론 대회는 주제가 미리 주어져서 선생님이나 학부모, 지도자들이 토론 참가자의 준비를 돕는 일이 흔하다. 심하게는 토론 입안문을 대신 써 주기도 하는데, 우리나라처럼 결과에 많이 매달리는 현실에서는 이렇게 토론 주제를 주지 않고 참가하게 하는 것도 참고할 만하다.

발언 기회가 다르다

의회에서 쓰는 토론이라 수상과 당수가 의원보다 토론 기회를 한 번씩 더 갖는다. 이것을 감안하여 우리나라에서 의회식 토론으로 대회를 열 때는 형식을 변형해서 쓰는 대회가 많다. 가장 쉽게 할 수 있는 변형은 찬성과 반대에 토론자를 한 명씩 늘리는 방식이다. 3 : 3 토론에서 입안-입안-반박으로 한 명씩 기회를 갖게 한다. 또 다른 변형은 2 : 2 토론에서 마지막에 반박을 한 번씩 더 넣어 토론자마다 입안과 반박을 모두 할 수 있도록 한다.

의회식 토론도 링컨-더글러스 토론처럼 찬성에서 시작해 찬성으로 마친다. 그러나 링컨-더글러스 토론과 달리, 찬성편과 반대편에 같은 기회를 준다. 찬성편의 반박을 둘로 나누지도 않았는데 찬성에서 시작해 찬성에서 마칠 수 있는 까닭은 반박에서 찬성편과 반대편의 차례를 바꿨기 때문이다. '찬성-반대-찬성-반대'로 가던 토론이 갑자기 '반대-찬성'으로 끝을 맺는다. 이를 위해 반대 2 토론자(야당 의원)의 입안과 반대 1 토론자(야당 당수)의 반박이 붙어 있는데, 이렇게 반대편에서 두 번 이어서 하는 부분을 '반대 구역 opposition block'이라고 부른다.

CEDA 토론

교차조사 토론, 정책 토론

1947년 미국 육군사관학교에서 전국토론대회 National Debate Tournament를 열어 이후 해마다 대회를 진행하였다. 1970년대에 교차조사협회 Cross Examination Debate Association에서는 이런 대회 형식에 질문을 넣어 토론자들 간에 직접적인 의사소통 즉, 교차조사가 이루어져야 한다고 제안하였다. 결국 1975년부터 시행된 전국토론대회에서 교차조사를 허용하였는데, 이 토론 형식을 협회 이름을 그대로 따서 CEDA라고 흔히들 부르게 되었다.

CE Cross Examination가 교차조사라는 뜻을 지녀 우리말로는 교차조사 토론이라고 한다. 또한 이 토론은 정책을 토론하는 형식이라 정책 토론 Policy Debate이라고 부르기도 한다. CEDA 토론은 2 : 2 토론으로 대회에서는 한 해 동안 하나의 논제로만 진행한다.

토론 진행

찬성		반대	
1	2	1	2
입안(8)			
			교차조사(3)
		입안(8)	
교차조사(3)			
	입안(8)		
		교차조사(3)	
			입안(8)
	교차조사(3)		
		반박(5)	
반박(5)			
			반박(5)
	반박(5)		
작전 시간(5)		작전 시간(5)	

토론의 모든 요소 경험

CEDA 토론 형식은 토론자가 토론의 모든 요소를 다 경험한다는 특징이 있다. 우리나라 대회뿐 아니라 토론 실습으로 토론을 익힐 때 많이 쓰이는데, 그것은 토론 참가자가 토론의 요소인 입안, 반박, 교차조사를 모두 경험할 수 있기 때문이다. 주장을 펴기도 하고, 상대 주장에 반박도 하고, 교차조사로 묻거나 대답하기도 한다. 토론의 모든 요소를 한 번의 토론으로 겪을 수 있는 장점이 있고, 그런 까닭으로 토론 참가자가 처음부터 끝까지 집중할 수밖에 없다.

열두 단계를 거친다

이 토론은 한 사람이 입안, 반박, 교차조사를 모두 하여 찬성 입안에서 시작해 찬성 반박으로 마칠 때까지 열두 단계를 거친다. 절차가 굉장히 복잡한 것처럼 보이나 유심히 살피면 형식에 나름의 까닭이 있어 차례를 가름할 수 있다.

먼저 입안과 반박에 동그라미로 표시해 본다. 그러면 '찬성 1 입안 – 반대 1 입안 – 찬성 2 입안 – 반대 2 입안'의 차례로 흘러가는 것을 알 수 있다. 앞에서 살핀 두 토론과 마찬가지로 반박에서는 반대가 먼저 하니 '반대 1 반박 – 찬성 1 반박 – 반대 2 반박 – 찬성 2 반박'으로 마친다. 다음은 교차조사만 토론자들에게 한 번씩 맡기면 된다. 교차조사는 입안 다음에 들어가며, 이때 원칙은 상대 입안을 듣고서 교차조사를 맡는 사람은 바로 이어서 입안이나 반박을 하지 않는 사람이어야 한다. 찬성 1 입안에 이어 반대가 교차조사를 할 때, 반대 1이 입안을 이어서 해야 하므로 교차조사는 반대 2가 한다. 마찬가지로 반대 1 입안에 이어 찬성의 교차조사는 다음 입안을 펼칠 찬성 2가 아니라 찬성 1이 한다.

시간이 많이 걸린다

CEDA 토론 형식은 시간이 많이 걸린다. 토론 참가자가 토론의 모든 요소를 다 경험할 수 있는 장점이 있는 만큼 시간이 많이 걸린다. 위의 표처럼 입안에 8분, 반박에 5분, 교차조사에 3분씩 잡아도 64분이 걸린다. 물론 입안을 4분, 반박을 3분, 교차조사를 2분으로 해서 전체 시간을 36분으로 줄여서 할 수도 있지만, 그래도 다른 토론에 견줘 시간이 많이 걸리는 편이다. 이런 문제 때문에 학교에서 수업 시간에 이 형식을 쓰기에는 어려움이 따른다. 하지만 토론 동아리를 꾸려 진행할 때는 이 형식으로 하면 토론의 요소를 익히기가 좋다.

작전 시간을 활용할 수 있다

CEDA 토론은 작전 시간이 있어, 작전 시간의 운영을 대회를 여는 곳에서 정하여 알려 준다. 보통은 주어진 작전 시간을 찬성과 반대에서 필요할 때 알아서 적절하게 쓰는 경우가 기본이다. 찬성과 반대에 각각 5분씩 주는데, 그 5분을 1분 단위로 끊어서 쓸 수도 있고 2, 3분으로 묶어서 쓸 수도 있다. 상대편의 입안을 듣고 교차조사를 해야 하는데 질문이 잘 떠오르지 않을 때, 반박을 해야 하는데 준비가 되지 않았을 때, 작전 시간을 쓸 수 있다. 단, 작전 시간은 하나의 차례를 마치고 다음 차례로 넘어갈 때 쓰며 입안이나 반박, 교차조사를 하는 중간에는 작전 시간을 쓸 수 없다.

■ **두 번의 입안과 두 번의 반박**

CEDA 토론에는 입안과 반박이 두 번씩 있는데, 각각의 역할은 어떻게 다를까? 관련 책을 봐도 명확하게 알기 어려운데, 우리아이토론에서 여러 토론을 경험하며 아래와 같이 구분해 안내하고 있다.

첫 번째 입안은 들어가는 말로 배경 설명, 개념 정의, 관련 경험이나 뉴스 안내를 포함한다. 찬성이라면 문제점을 부각시키고, 들어가는 말에 이어 주장을 근거를 들어 자세하게 펼친다. 우리 편이 펼치는 주장을 제대로 드러내는 단계가 첫 번째 입안이다.

두 번째 입안은 첫 번째 입안에서 펼치지 못한 주장을 마저 펼친다. 이와 함께 상대가 주장한 내용을 참고하며 그것보다 설득력 있는 주장으로 우리 편에 유리하게 이끈다. 두 번째 입안 전에 있는 교차조사에서 우리 편이 제대로 대답하지 못한 내용도 입안에서 보충할 수 있다.

여러 토론에서 반박을 두 번씩 두는데, 첫 번째 반박은 상대가 입안에서 펼친 주장의 근거를 하나하나 반박한다. 상대의 주장에 근거와 관련 자료가 적절한지 살피며 상대 주장을 반박해야 한다. 이 단계에서 상대가 입안에서 펼친 주장을 모두 반박할 수 있도록 한다.

두 번째 반박은 토론의 마지막 단계이므로 상대 주장을 반박하는 데 집중하기보다 지금까지 토론에서 우리가 잘한 것을 정리하고 우리의 마지막 주장을 펼쳐야 한다. 퍼블릭 포럼 디베이트의 요약과 마지막 초점을 두 번째 반박에서 할 수 있다.

입안과 반박을 펴는데 '이건 꼭 이러해야 한다'는 건 없다. 사람에 따라, 작전에 따라 주장을 펼치는 방법은 다를 수 있는데, 다만 두 번으로 나누어 펼치니 토론하기 전에 어떻게 나누어 제대로 활용할 것인가 하는 고민을 많이 하는 것이 좋다.

칼 포퍼 토론

비판적 논의를 강조한 칼 포퍼

철학자 칼 포퍼Sir Karl Popper(1902~1994)는 저서 〈삶은 문제 해결의 연속이다〉(부글)에서 '남의 의견을 무조건 받아들이는 게 아니라 자기 생각에 대한 남의 비판을 쾌히 받아들이고 남의 생각을 신중히 비판함으로써 타인에게서 기꺼이 배울 의향이 있어야 한다', '자신을 포함한 어느 누구도 진실을 알 수 없다고 생각한다', '한 가지 관념을 다각도에서 검토하고 타당한 판단을 내리는 데 필요한 성숙함은 오직 비판적 논의를 통해서만 얻을 수 있다'고 하였다.

칼 포퍼 토론은 1994년에 열린사회연구소The Open Society Institute와 소로스재단 네트워크Soros Foundation Network가 칼 포퍼가 강조한 비판적 사고, 자기 표현, 그리고 다른 의견에 대한 관용의 자세를 길러 주기 위해 만든 토론이다. 이 토론의 형식을 쓰는 대표적인 대회가 1999년 이후 국제토론교육협회IDEA : International Debate Education Association에서 하는 토론 대회이다.

토론 진행

찬성			반대		
1	2	3	1	2	3
입안(6)					
					교차조사(3)
			입안(6)		
		교차조사(3)			
	반박(5)				
			교차조사(3)		
				반박(5)	
교차조사(3)					
		반박(5)			
					반박(5)
작전 시간(5)			작전 시간(5)		

3 : 3 토론으로 여섯이 할 수 있다

이 토론의 특징은 대회용 토론에서 보기 드문 3 : 3 토론이라는 점이다. 학생들과 토론하면서 좀 더 많은 학생들이 할 수 있으면 좋겠다는 생각이 많이 드는데, 이 토론은 한 판에 여섯 명이 할 수 있어 좋다. 토론에서 1 토론자는 입안, 2, 3 토론자는 반박을 맡는다. 그리고 1, 3 토론자는 교차조사를 한 번씩 더 한다. 2 토론자는 반박 한 번만 하는 토론 형식이라 독특하다.

반박 중심 토론

얼핏 보면 앞에서 살핀 CEDA 토론과 닮은 것 같지만, 유심히 살피면 사람 수가 다른 것 외에도 차이가 몇 가지 더 보인다. 반박은 두 번씩으로 같은데 입안이 한 번밖에 없다. 입안 한 번에 반 박 두 번을 펼쳐서 반박 중심 토론이라고 하였다. 앞서 소개한 칼 포퍼의 말처럼 비판적 논의로 입안에서 펼친 주장을 확인하는 과정을 중요하게 여기기 때문이며, 같은 까닭으로 반박 다음에도 교차조사가 있다.

2번 토론자가 중심을 잡아야

학생들과 칼 포퍼 토론으로 토론을 했을 때 처음에 2번 토론자는 반박 한 번만 하면 된다고 좋아하였다. 그리고 실제 자기 반박만 하고서는 토론에 관심을 갖지 않는 모습도 보였다. 그런데 토론의 횟수가 늘어날수록 2번 토론자가 책임을 느꼈고 나중에는 부담까지 든다고 하였다. 사실 2번 토론자는 상대 입안에 반박을 할 수 있어야 한다. 반박을 맡은 토론자는 그만큼 집중해서 들어야 하고 상대 주장을 하나하나 논리적으로 반론을 제기할 수 있을 만큼 수준 높아야 한다. 또한 반론을 펴고 나면 상대 입안을 편 사람의 질문(교차조사)을 받아야 한다. 주장을 편 사람이 자기의 반박에 하나하나 꼬치꼬치 따지며 질문하니 부담감이 클 수밖에 없다. 또한 작전 시간에 다른 토론자를 도와줘야 하기에 그 역할이 아주 중요하다.

칼 포퍼 토론 변형하기

우리아이토론에서는 칼 포퍼 토론을 많이 하는데, 칼 포퍼 토론 형식을 그대로 쓰기도 하지만 아래와 같이 다듬어서 쓰기도 한다. 칼 포퍼 토론의 마지막에 전원교차질의와 마지막 주장을 넣은 것이다.

찬성			반대		
1	2	3	1	2	3
입안(6)					
					교차조사(3)
			입안(6)		
		교차조사(3)			
	반박(5)				
			교차조사(3)		
				반박(5)	
교차조사(3)					
			반박(5)		
					반박(5)
전원교차질의					
	마지막 주장				
				마지막 주장	
작전 시간(5)			작전 시간(5)		

　전원교차질의는 토론 참가자들이 함께 묻고 답하는 시간이다. 여섯의 토론 참가자들이 치열한 질문과 답변을 주고받는 전원교차질의 다음에 2번 토론자가 마지막 주장을 한다. 이렇게 형식을 다듬으니, 중요한 역할이지만 한 번만 참가하던 2번 토론자가 같은 기회를 얻을 수 있게 되었다. 이렇게 하면 첫 번째 반박은 상대 입안에서 내세운 주장을 하나하나 반박하고, 두 번째 반박은 퍼블릭 포럼 디베이트처럼 요약의 성격을 가질 수 있다.

퍼블릭 포럼 디베이트

최근에 만들어진 형식

퍼블릭 포럼 디베이트는 최근에 만들어진 형식으로 2002년에 생겼다. 미국에서 토론을 지도하는 코치들이 좀 더 활발하고 치열한 토론을 만들기 위해 개발하였는데, 최근 미국에서 고등학교를 중심으로 활발하게 쓰이고 있다.

케빈리의 〈디베이트〉(한겨레에듀)에 따르면 퍼블릭 포럼 디베이트의 원래 이름은 '논쟁Controversy'이었는데, 이 토론 형식이 CNN 뉴스 프로그램인 〈크로스파이어Crossfire〉를 닮아 CNN 창설자인 테드 터너의 이름을 붙여 바로 '테드 터너 디베이트Ted Turner Debate'라고 바뀌었다고 한다. 〈크로스파이어〉는 1982년부터 2005년까지 CNN을 탔던 프로그램으로, 이 프로그램에서는 정해진 사안에 대해 서로 다른 입장을 가진 두 사람이 출연하여 디베이트를 벌였다. 이 새로운 형식은 이후 2003년 미국 전국토론리그에 의해 퍼블릭 포럼 디베이트란 이름으로 최종 확정되었다.

심판의 수준을 고려해야

이 형식에서 토론 참가자가 주의할 점은 주장을 펼 때 심판의 수준을 고려해야 하는 점이다. 이 형식은 심판이 해당 논제에 대한 지식이 없는 일반인이라는 전제를 둔다. 따라서 전문 용어를 쓰기보다 누구나 쉽게 알 수 있게 주장을 펼쳐야 하며, 누구든 설득할 수 있는 자료 조사가 필요하다. 퍼블릭 포럼 디베이트는 초등학생들에게 어려운 전문 용어와 논리성을 강조하지 말아야 함을 느끼게 한다.

토론 진행

차례 \ 시간	찬반과 차례 동전으로 결정			
	1	2	1	2
입안(4)	•			
			•	
교차질의(3)	•		•	
반박(4)		•		
				•
교차질의(3)		•		•
요약(2)	•			
			•	
전원교차질의(3)	•	•	•	•
마지막초점(2)		•		
				•
작전 시간	2		2	

찬반과 차례 동전으로 결정

퍼블릭 포럼 디베이트는 차례와 찬반을 동전으로 정한다. 기존 토론은 차례가 정해져 있고(찬성에서 시작해 찬성 또는 반대로 마침) 찬반만 정하는 것에 반해, 퍼블릭 포럼 디베이트는 동전으로 차례와 찬반을 모두 정한다. 그래서 두 편 모두 둘 중 하나는 선택할 수 있다.

만일 ㉠과 ㉡ 두 편이 있다고 할 때 동전에서 한 면씩을 정한다. ㉠이 숫자(100 또는 500)를 선택하고 ㉡이 글자(백 원 또는 오백 원)을 선택했다면 동전을 던진다. 동전의 숫자가 나오면 먼저 ㉠에 "찬반을 선택할래요? 차례를 할래요?" 묻는다. 그러면 ㉠은 찬성과 반대를 고르거나, 먼저 또는 나중을 고를 수 있다. ㉡은 ㉠이 고르고 난 다음, 다른 것을 고를 수 있다.

㉠이 고른 면이 뽑혔을 때, ㉠이 찬성을 골랐다면 ㉡은 반대가 되고, ㉡이 차례에서 먼저를 고르면, ㉠은 나중이 된다. 즉, ㉠은 찬성-나중이고 ㉡은 반대-먼저로 결정된다. ㉡이 고른 면이 뽑혔을 때, ㉡이 나중을 골랐다면 ㉠은 먼저가 되고, ㉠이 차례에서 찬성을 고르면, ㉡은 반대가 된다. 즉 ㉠은 찬성-먼저이고, ㉡은 반대-나중으로 결정된다.

2 : 2 토론이나 4 : 4 토론으로도 가능

퍼블릭 포럼 디베이트는 2 : 2 토론으로 넷이 토론한다. 둘이 번갈아가며 입안-요약, 반박-마지막 초점을 나누어 맡는다. 이렇게 둘이서 하면 토론이 매우 치열하여 쉴 새 없이 생각하며 토론에 참여해야 한다. 사람 수를 늘려 진행할 수도 있다. 4 : 4로 여덟이 토론하는 것이다. 입안과 교차질의, 반박과 교차질의, 요약, 마지막 초점을 한 사람씩 맡아서 토론하고, 전원교차질의에는 여덟이 질의응답에 함께한다. 이렇게 4 : 4로 하면 많은 학생들을 토론에 참여하여 좋은 점이 있는 반면, 치열함이나 집중력이 떨어지는 단점이 있다.

요약과 마지막 초점

앞서 살핀 네 가지 토론의 형식에서는 입안, 반박, 교차조사만 있었다. 이 셋으로 사람 수를 달리하거나 차례를 다르게 섞는 형식이었으나, 퍼블릭 포럼 디베이트에는 요약, 마지막 초점이라는 지금까지는 볼 수 없었던 토론의 요소가 있다. 요약은 그 이전(입안과 반박)까지의 토론 과정을 정리하며, 마지막 초점은 마지막으로 하고픈 주장을 펼치는 시간이다.

요약은 입안과 반박을 정리한다고 하였는데 여기에서 정리란, 우리가 펼친 주장과 상대가 펼친 주장을 정리하는 것이다. 우리는 이런 주장을 했고 상대방은 이런 주장을 했다고 정리할 수 있다. 그런데 이렇게 단순하게 정리해서는 요약에서 해야 할 것을 제대로 한 것이라 볼 수 없다. 이 형식에서 요약은 이전까지 과정을 우리에게 유리하도록 정리하는 것을 말한다. 상대가 우리 입안에 반론을 펼치지 못한 것, 우리 반론에 상대가 제대로 재반론하지 못한 것, 질문에 대답하지 못한 것 따위를 담아서 요약한다.

토론에 힘이 넘친다

퍼블릭 포럼 디베이트에서는 교차조사가 아닌 교차질의를 쓴다. 토론의 요소에서 교차질의는 토론 참가자 둘이 서로 묻고 답하는 질문이다. 교차질의에 참가한 둘은 서로 마주보고 선다. 질문을 받은 토론자는 대답을 하면서 함께 질문한다. 이렇게 질문하고 대답하며 또 질문을 이어 가기 때문에 토론 참가자는 잠시도 쉴 틈이 없다. 전원교차질의는 토론 참가자 모두가 함께 묻고 답하는 시간으로 이 역시 지금까지 토론에서는 볼 수 없는 요소이다.

■ 토론의 형식 비교하기

토론의 형식	시작-끝	시간	사람 수	구성 요소
링컨-더글러스 토론	찬성-찬성	32	1:1	입안, 반박, 교차조사
의회식 토론		40	2:2	입안, 반박
CEDA 토론		64	2:2	입안, 반박, 교차조사
칼 포퍼 토론	찬성-반대	44	3:3	입안, 반박, 교차조사
퍼블릭 포럼 디베이트	동전으로 결정	33	2:2 (4:4)	입안, 반박, (전원)교차질의, 요약, 마지막 초점

5강

교실토론

우리 반만의 형식으로
수업에 자주, 쉽게 활용하는 것이 열쇠다.

교실토론의 어려움

학생 수가 많다

지금까지 토론이 무엇이며, 토론의 좋은 점, 논제 만드는 법, 토론에 필요한 여러 요소, 대회에서 많이 쓰는 토론의 형식을 간단하게 살폈다. 지금까지 배운 것을 바탕으로 교실에서 토론해 보려고 한다.

많은 사람들이 토론이 좋다는 것을 알면서도 실제 토론하는 것을 어려워한다. 교사들이 교실에서 토론하기 어려워하는 까닭은 교실에 학생 수가 너무 많은 것을 우선 꼽을 수 있다. 앞장에서 보았듯 대회용 토론은 대체로 1 : 1이거나 2 : 2, 혹은 3 : 3이다. 이 형식들에서는 2명, 4명, 6명의 학생들만 토론에 참가할 수 있다. 2 : 2 토론인 퍼블릭 포럼 디베이트에서 입안, 반박, 요약, 마지막 초점을 하나씩 나눠서 해도 최대 4 : 4 토론으로 8명이 토론할 수 있

다. 우리 교실에는 학생들이 적게는 스물, 많게는 서른으로, 8명으로 토론한다고 해도 모두 토론을 해보려면 서너 판을 해야 한다. 그래서 이 장에서는 교실에서 모든 학생들이 토론에 참가할 수 있는 토론의 형식을 소개한다.

시간 운영이 어렵다

대회 토론의 형식에서는 시간이 제각각이다. 링컨-더글러스 토론은 32분, 의회식 토론은 40분, CEDA 토론은 64분이 걸린다. 퍼블릭 포럼 디베이트도 33분이 걸린다. 이렇게 시간이 걸리는 대회 토론 형식을 학교에서 수업 시간에 그대로 적용하기는 쉽지 않다. 물론 토론 형식 각 단계에서 시간을 조금씩 줄여서 할 수도 있으나 그렇다 하더라도 적지 않은 시간이 필요하다. 33분 걸리는 퍼블릭 포럼 디베이트에서 단계마다 1분씩 줄이더라도 22분이 걸린다. 요즘 혁신 학교를 중심으로 블록제 수업으로 80분 수업을 하는 학교가 더러 있는데, 이럴 경우는 시간을 내어 할 수도 있지만 일반학교에서는 쉽지 않은 게 현실이다.

하지만 시간의 제약을 해결해도, 교육과정에서 다뤄야 할 내용이 많고 그 내용을 다 담아낼 시간을 따지면 또 한계를 느끼게 된다. 그래서 교실토론에서는 10분 안팎으로도 가능한 토론의 형식을 이야기하려고 한다.

시험으로 하는 평가

대부분의 학교에서 동학년이 한꺼번에 시험을 본다. 중간고사나 기말고사처럼 동학년은 함께 문제를 내어 시험을 보기 때문에 여러 반이 같은 문제로 시험을 보려니 교과서에 있는 내용으로 문제를 낼 수밖에 없다. 교과서는 수업을 위한 하나의 보조 자료로 재구성할 수 있다고 말하지만 이렇게 같은 문제로 평가를 하면 교과서 내용에 의존할 수밖에 없다.

토론으로 교과서 내용을 재구성하여 공부하다가도 시험 때가 되면 "자, 교과서에서 보지 못한 내용이 있는데 그것 다시 볼게요" 하게 된다. 그럴 수밖에 없는 것이 토론으로 교과서에 있는 모든 내용을 다루는 건 거의 불가능하기 때문이다. 토론은 특정 주제를 논제 삼아 깊고 넓게 살필 수는 있지만, 교과서 모든 내용을 담기에는 한계가 있기 때문이다.

요즘 담임에게 평가권을 주는 방향으로 변화고 있는데 매우 좋은 현상이라고 생각한다. 담임이 평가권을 가질 때 교과 지도의 권한도 가지기 때문이다. 모든 반을 같은 문제로 평가하지 않고, 우리 반에서 배운 내용으로 평가가 가능해진다. 또 시험 점수뿐 아니라 보통 때 수업하는 모습으로 평가할 수도 있다. 이렇게 되면 토론으로 수업하며 그것으로 학생들의 성장을 평가할 수 있다.

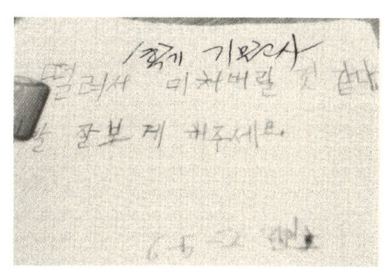

교사의 경험과 자신감

앞서 살핀 내용은 토론하는 데 어려움을 주는 환경 요인이다. 이런 환경 요인과 함께 교사 자신에게서도 그 요인을 찾을 수 있다. 어쩌면 토론에 어려움을 느끼는 교사가 교실토론이 잘 이루어지지 못하는 가장 큰 까닭일 수도 있다.

교사의 능력이 모자라다는 것이 절대 아니다. 교사들이 토론 경험과 자신감이 부족하다는 것을 말하는 것이다. 우리 교사들이 학생일 때 토론으로 수업을 해본 경험이 거의 없고, 교사 양성 기관에서도 토론을 경험할 기회가 적었다. 교사가 되어서도 토론을 연수로 만나기가 쉽지 않고 학교 교직원 사이에서도 토론 문화가 자리매김했다고 보기 힘들다. 그러니 교실에서 토론을 이끌면서도 '잘하고 있는 건가? 이렇게 하는 게 맞나?' 하며 스스로 자신 없어 한다.

"선생님, 어렵지 않을 것 같아요."

교사 토론 연수를 하고 나면 선생님들이 이렇게 말하며 정말 좋아한다. 특히, 토론 실습을 하면 굳었던 표정이 살아나고 웃음을 보이며 토론을 재미있어 하는데, 세 시간 동안의 연수만 가지고도 토론할 수 있겠다고 자신감을 보인다. 방학에 15시간 집합 연수로 둘 이상의 토론 형식을 경험한 어떤 선생님은 토론을 빨리 해보고 싶어 개학이 기다려진다고도 하였다. 구미의 어떤 선생님은 방학에 이 연수를 받고 2학기 국어를 모두 토론으로 이끌기도 하였다. 토론은 교사들이 익숙하지 않을 뿐 생각보다 어렵지 않다.

학생들 간의 수준 차이

우리들의 교실에는 서른여 명의 학생들이 공부한다. 학생들은 제각각 빛깔이 다르고 학습 능력이나 상식 정도, 발표력 수준이 천차만별이다. 이렇게 다른 빛깔들이 잘 조화를 이루도록 이끌며 교실토론을 하기는 쉽지 않다.

토론을 이끄는 학원이라면 학생 수준에 따라 반을 나누어 진행할 수 있지만 초등 교실에서는 있을 수 없는 일이다. 실력이 다 다른 학생들과 함께 수업을 하고 토론해야 한다. 그러면서도 토론이 가진 효과를 발휘하도록 이끌어야 한다.

우리 교실에서 토론을 가장 잘 이끌 수 있는 사람은 담임교사다. 학생들을 제대로 파악하고 있는 담임교사가 토론도 잘 이끌 수 있다. 토론에 대해 아는 것이 조금 모자라더라도 학생을 더 깊이 이해하는 담임교사가 우리 반의 토론을 가장 잘 이끌 수 있다.

6학년 담임을 맡을 때였다. 우리 반에 한 남학생이 있었는데, 한 해 동안 스스로 말하는 것을 본 적이 없었다. 전담 선생님들도 그 학생이 말하는 것을 들어본 적이 없다고 하였다. 점심시간에 함께 걷고 같이 공 차고 농구도 하지만, 말은 하지 않았던 이 학생도 토론에서는 말을 했다. 1 : 1 토론을 하면 입안을 하고 교차질의에서 대답을 하였다. 물론 질문은 하지 않았지만 친구의 물음에는 답변을 하였다. 4 : 4 모둠토론에서도 입안을 맡아서 제 몫은 하였다. 같은 모둠의 친구들은 이렇게 입안만 해도 그 아이에게 고마워했고 나 또한 칭찬을 많이 해 주었다. 보통 때 말하지 않는 학생이 자기 역량만큼 토론에 참여하는 모습에 다른 학생들과는 다른 잣대로 칭찬한 것이다. 담임교사로 그 학생을 잘 알기에 가능한 상황이다.

교실토론이 잘 이루어지려면

우리 반만의 형식을 만든다

4강에서 여러 대회 토론의 형식을 알아보았다. 그리고 이 장에서는 대회 토론이 아닌 교실토론의 형식을 소개하는데, 토론의 형식은 다양하다. 어떤 토론의 형식이든 교사가 제대로 알고 있을 때 토론이 교실에 조금 더 빨리 자리매김할 수 있다.

토론을 교실에서 실천할 때 대회 토론 형식을 그대로 적용하는 것은 한계가 있으므로, 우리 반에 맞는 형식을 만들기를 바란다. 물론 토론의 형식을 만든다는 게 쉬운 일은 아니지만 그렇다고 못할 일도 아니다. 만일 처음부터 우리 반만의 토론 형식을 만들기 힘들다면, 이 책에서 소개하는 여러 형식을 그대로 실천하며 다듬기를 권한다. 그것도 힘들다면 기존 대회 토론 형식을 우리 반의 형식으로 그대로 해도 된다.

무엇보다 선생님의 개인 의지가 중요하다. 교실에서 일어나는 학급 경영, 교과 지도 모두 교사가 어떤 판단으로 가르치느냐에 달렸다. 토론도 마찬가지다. 토론으로 학생들의 성장을 시켜보겠다는 선생님의 개인

의지가 가장 중요하다. 이런 의지만 있다면 어떤 것이든 그 선생님만의 빛깔, 그 반만의 빛깔로 충분히 살려 낼 수 있다.

한 가지 형식을 되풀이한다

우리 반만의 토론 형식을 정했다면, 처음에는 그 형식으로만 되풀이한다. 토론을 처음 만나는 학생들의 부담을 덜어 주기 위해서다. 학생들이 토론에 낯설더라도 하나의 형식을 반복하면 쉽게 받아들여 그 형식에 익숙해진다. 토론할 때마다 형식을 바꾸면 그 형식에 맞추느라 학생들이 부담스러울 수밖에 없다.

하나의 형식을 계속 반복하는 또 다른 까닭은 하나의 형식으로 토론의 요소를 제대로 알기 위해서다. 참사랑땀반의 경우 맨 처음 학급 전체 토론을 되풀이하였다. 그러자 이 토론의 요소인 입론과 교차조사를 잘 알게 되었다. 이 형식으로 일주일에 한 번씩 한 달 정도 토론하고 난 다음, 입론과 교차조사를 활용한 1 : 1 토론을 하니 학생들이 쉽게 받아들였다.

기회를 자주 갖는다

참사랑땀반에는 기타 동아리가 있는데 초등학생이라 처음에는 기타를 드는 것도 버거워하였다. 기타가 쉽지 않은 악기인 데다 익히는 데 오래 걸려서 쉽게 포기하는 경우가 많았다. 그런데 포기하지 않고 날마다 연습에 참여만 해도 어느 순간 학생들이 반주하며 노래할 수 있게 되었다. 무엇이든 배울 때 꾸준히 하는 것보다 더 좋은 방법이 없는 것 같다. 토론도 마찬가지다.

토론에서는 목소리를 또렷하게 하고, 잘 듣고, 정성껏 자료를 준비하는 것이 필요하다. 한두 번의 토론으로 학생들에게 이런 모습이 자리매김하기를 기대하는 것은 불가능에 가까우나, 토론을 꾸준히 자주 하면 이 같은 모습이 저절로 생긴다.

"토론할 시간이 없어요" 하며 토론할 시간 만들기를 어려워하는 선생님들이 많다. 그래서 더욱 교실토론과 함께 '학급 문화'로 토론이 삶에 내려앉아야 한다고 생각한다. 주에 한 번 정도 학급회의를 하거나, 학생들이 다투거나 생각이 다를 때 짧게라도 토론할 수 있다. 교과 중에서도 도덕을 토론으로 구성할 수 있으며, 국어나 사회, 과학에서도 10분 정도 짤막한 형식으로 토론할 수 있다. 이와 관련하여 토론이 가능한 주제는 '초등토론교육연구회' 카페를 참고하길 바란다.

격려하고 칭찬한다

학생들에게 토론이 어떤 느낌으로 남는가가 중요하다. 교육과정에 따라 토론 절차, 주장하는 글쓰기, 주장 말하기 따위를 공부하고 교과서 내용에 따라 실제 토론을 해보는 정도에 그치더라도, 토론하는 횟수가 적을수록 학생들이 토론을 좋게 생각했으면 한다. 그러기에 좋은 방법이 격려와 칭찬이다. 토론할 때 처음 토론하는 학생들이 많을 텐데, 처음 토론하는 학생들일수록 큰 격려와 칭찬을 해 주는 것이 좋다. 토론을 자주 한다면 토론이 승패를 따지는 것이기 때문에 잘 못하는 것을 꼬집어 말할 수도 있다. 그래도 그 바탕에는 아이의 참된 성장을 바라는 마음이 있어야 한다. 잘 못하던 학생이 노력하여 아주 조금이라도 나아졌다면 크게 칭찬해 줄 필요가 있다.

교실토론 차례

학급 분위기 만들기

교실토론의 첫 단계로 '학급 분위기'를 말해 의아해할 수 있다. 그렇지만 토론이 제대로 꽃피우려면 편하게 말할 수 있는 학급 분위기, 다른 사람의 말을 소중하게 들어주는 학급 분위기가 밑바탕에 있어야 한다. 마음껏 말할 수 있고, 친구 이야기를 소중하게 들어주는 것이 토론에서 기본이다.

토론에서는 말을 잘하고 다른 사람의 말도 정성껏 들어주면서, 정작 자기 삶에서 그러지 못한다면 좋은 모습이 아니다. 토론을 꾸준하게 실천하며 토론 안에서 서로 존중하는 분위기를 만들 뿐 아니라, 삶에서도 서로 존중하며 하고픈 말을 할 수 있는 분위기, 어떤 말을 하더라도 정성껏 들어주는 학급 문화를 형성해야 한다. 다르게 보면, 이런 문화가 학급 분위기로 자리매김할 때 토론도 활발하게 일어날 수 있으니 이 둘은 떼려야 뗄 수 없는 관계다.

■ **참사랑땀반의 학급 문화**

- 아침에 가장 하고픈 말을 하게끔 이끄는 한 줄 쓰기 '글똥누기'
- 편안한 마음으로 공부할 준비를 하도록 노래로 여는 아침 '희망의 노래'
- 선생님과 단 둘이 앉아 밥을 함께 먹으며 이야기 나누고 데이트도 즐기는 '밥친구'
- 힘들고 슬프고 억울하고 속상하고 화난 이야기를 다 담을 수 있는 '일기'
- 아무 목적 없이 단지 웃기 위해서 땀 흘리며 즐기는 '연극 놀이'
- 학생들이 쓴 일기 한 편도 소중하게 담아 묶는 학급 문화의 꽃 '문집'
- 주말이면 식구와 함께 삶을 담아내는 '주말 과제'
- 한 주 동안 참사랑땀반 살이를 함께 돌아보며 더 나은 삶을 가꾸는 '어린이 회의'

논제 정하기

토론하기 위해서는 논제가 있어야 한다. 논제는 여러 형태로 만들 수 있는데, 앞에서 살핀 논제의 영역(삶, 교과서, 상식)에서 학생들의 흥미를 고려하여 적절하게 선정한다. 어느 한 영역에 너무 매달리지 않고 골고루 돌아가면서 선정하는데, 논제는 담임이 정해서 줄 수도 있고 학생들과 함께 만들 수도 있으며 토론 모둠을 만들어 그 모둠에서 논제를 준비하도록 해도 좋다. 논제를 선정하였다면 학생들에게 알려 주고 토론을 준비하도록 한다.

준비할 시간 주기

논제를 알려 주고 나서 준비하는 데 한 주 정도의 시간을 준다. 준비하는 시간을 주어야 충분히 자료를 준비할 수 있다. 물론 많은 학생들이 토론하기 하루 전에 자료 준비를 하고 입안을 준비한다. '마감 효과'이다. 그렇지만 어떤 학생은 한 주 동안 계속 자료를 찾으며 천천히 준비하므로 하루 전에 논제를 주어서는 안 된다. 이런 학생들을 위해 한 주 정도는 시간 여유를 주어야 한다.

실제 토론만큼, 어쩌면 실제 토론보다 더 많은 정성과 시간을 쏟아야 하는 것이 준비 과정이다. 자기주장과 관련된 근거와 자료를 찾고 찾은 것을 바탕으로 입안을 쓰는 준비 과정이 토론의 승패를 좌우한다고 말해도 무리가 아니다.

참가자 선정하기

앞에서 살핀 대회 토론의 형식은 토론 참가자가 한정된다. 그렇지만 교실토론에서는 모두가 토론에 참여할 수 있도록 설계하는 것이 중요하다. 토론에 참여하지 않고 참관하거나 심판만 해도 교육 효과는 충분히 얻을 수 있으나, 토론의 특성상 내 주장을 말할 수 있는 기회, 토론의 장을 펼쳐 주는 것이 필요하다. 여기서 제시할 교실토론들은 모두가 토론에 참가하는 것을 기본으로 설계하였다.

1：1 토론과 2：2 토론은 토론 참가자 모두 입론과 교차조사 또는 교차질의에 참가한다. 4：4 토론은 참자가를 입론과 교차조사로 나누어 참여하도록 한다. 마지막으로 학급 전체 토론은 입론을 펼 찬성 셋, 반대 셋이 필요하다. 그때는 희망자와 무작위를 적절히 섞어서 운영하

는데, 그 방법은 학급 전체 토론에서 다시 언급하겠다.

　토론에서는 1 : 1 토론을 제외하고는 누군가와 같은 편이 되어 함께 토론해야 한다. 그렇기 때문에 토론 준비부터 같은 편과 함께해야 한다. 토론 참가자를 선정하였다면 같은 편끼리 함께 자료를 찾고 입안문도 만들면서 토론의 내용을 꿰뚫고 있어야 한다.

토론하기

　토론 참가자로 정해지면 참가자들은 토론의 형식에 맞게 토론한다. 토론은 기본 두 판으로 하되, 꼭 하루에 두 판을 다 할 필요는 없다. 하루에 두 판을 하며 찬성과 반대를 모두 경험할 수도 있지만, 하루에 찬성과 반대를 모두 겪으면 학생들이 조금 힘들어한다. 그래서 두 주 동안 한 주는 찬성(반대), 다른 한 주는 반대(찬성)로 토론하면 좋다. 앞서 토론의 원칙에서 유연성의 원칙을 살폈는데, 유연한 사고를 위해 학생들이 찬성과 반대를 모두 경험하도록 한다.

결과 발표와 소감 쓰기

　심판들은 토론을 보며 매긴 결과를 정리하고 토론 결과를 발표한다. 보통 심판을 맡은 학생들은 점수로 채점하고서 어디가 이겼고, 그 까닭이 무엇인지 발표한다. 심판으로 판정을 하는 까닭은 토론 참가자가 잘한 것과 아쉬운 것을 말하여 다음 토론에서 더욱 성장하기를 기대하기 때문이다.

　토론을 마치면 토론에 참여한 사람들은 토론을 마친 소감을 글로 쓴다. 글을 쓸 때에는 하고픈 말을 쓸 수 있도록 해야 한다. 그리고 그 글을 발표하거나 학급 누리집에 남긴다. 토론할 때마다 토론을 마친 소감이 다 다르게 나오는데, 소감문을 읽는 재미가 있다.

6강

참사랑땀반의 토론 이야기

참고해도 좋고 따라해도 좋다.
중요한 것은 꾸준하게 하는 것.

1 : 1 토론(짝 토론)

자리 배치

1 : 1 토론은 아래와 같이 짝이 찬성과 반대로 나눠 앉아 서로 마주 보고 토론한다. 그래서 짝 토론이라고도 하는데, 학급 전체가 한꺼번에 할 수 있는 토론이다.

찬성	반대

찬성과 반대의 자리를 정해 앉는다. 보통 찬성이 학생들 처지에서 왼쪽에 앉는다. 칠판에서 보는 선생님 방향에서는 오른쪽이다. 꼭 그래야 하는 것은 아니나, 토론에서는 보통 찬성편이 보는 사람의 왼쪽에 앉으며, 이 원칙은 텔레비전 토론에서도 그대로 적용하고 있다.

■ 텔레비전 토론에서 찬성과 반대 자리 배치

TV 진행자
찬성 토론자 / 반대 토론자
방청객(텔레비전 시청자)

■ 교실에서 찬성과 반대 자리 배치

칠판
찬성 토론자 / 반대 토론자
심판, 배심원

교차조사 1 : 1 토론

	찬성	반대
1	입안(1)	
2		교차조사(2)
3		입안(1)
4	교차조사(2)	

 이 형식은 입론과 교차조사로 이뤄진 1 : 1 토론 형식이다. 먼저 찬성 토론자가 1분 동안 자기주장(입안)을 편다. 이어서 반대 토론자가 질문(교차조사)을 하는데, 2분 동안 질문할 수 있다. 세 번째로 반대 토론자가 입안을 한다. 마지막으로 찬성 토론자가 반대 토론자의 입안에 교차조사를 한다.

초등학생들에게 반박은 어렵다고 토론의 요소에서 설명하였다. 그런 까닭으로 참사랑땀반 교실토론에서는 반박을 하지 않고 있다. 반박의 성격이 교차조사나 교차질의에 담겨 있기 때문이기도 하다. 학생들에게 질문을 하라고 하면, 상대방이 했던 내용을 언급하며 반박하는 모습을 흔히 볼 수 있다. 그래서 교차조사나 교차질의를 학생들에게 안내할 때 "궁금하거나 반박할 것은 말씀해 주기 바랍니다" 하고 말한다.

이 토론은 모두 6분이 걸리는 토론으로, 토론을 마치고 자기 느낌을 글로 쓰고 몇 명이 말한다면 10분 정도 걸리는 토론 형식이다. 이 형식에서 정해진 시간은 참사랑땀반의 예로, 입안과 교차조사의 시간을 더 늘릴 수 있다. 교실 상황에 맞게 토론의 형식과 시간은 얼마든지 조정이 가능하다.

3강 토론의 요소에서 입안은 서론, 본론, 결론으로 꾸려지며 본론에서는 보통 근거를 세 개 준비한다고 하였다. 그래서 대회 토론에서는 입안에 4~7분 정도 시간을 준다. 그런데 초등학교 교실에서 학생들에게 이런 입안을 요구하는 것은 무리가 따른다. 근거를 하나 또는 두 개만 준비하도록 알린다. 처음 토론할 때는 1분을 주고, 서론에서는 자기소개만 하고 본론으로 바로 들어가도록 한다. 본론에서는 한두 개의 근거에 설명 자료를 덧붙여 입안을 펴도록 한다. 1분으로 한 학기를 하고 나서 30초나 1분을 더 늘려서 한다. 1분이 짧은 시간일 것 같지만 실제 말을 해보면 생각보다 길다는 것을 느낄 수 있다.

1분이라는 시간에 자기주장을 펼치려면 시간이 턱없이 모자란다고 생각할 수 있으나 그렇지 않다. 짧은 시간이지만 그 시간에 자기주장을 어떻게 제대로 펼칠 것인지도 말하는 능력이다. 엘리베이터를 타고서 내리기까지 약 30~60초의 시간이 걸린다고 한다. 그 짧은 시간에 상대의 마음을 사로잡을 수 있도록 말하는 것을 '엘리베이터 스피치'라고 하는데, 〈엘리베이터 스피치〉(샘 혼, 갈매나무)에는 짧은 시간 안에 상대의 관심을 끄는 방법으로 POP Purposeful, Original, Pithy를 제시한다. 즉, 목적의식을 갖고, 원하는 것을 제대로 알리고, 독특하고 간결하게 알려야 한다는 것이다.

■ 입안 예

안녕하세요? 저는 '교육 체벌은 필요하다'의 반대편 김다현입니다. 제가 왜 학원에서 교육 체벌은 필요하지 않은지 그 까닭을 말씀드리겠습니다. 그 까닭은 학원에 가기 싫은 마음이 들 수 있기 때문입니다. 제 경험을 들겠습니다. 제가 3학년 때 저랑 친한 친구가 있었습니다. 그 친구는 학원에 가기 싫다고 합니다. 그 까닭은 학원 숙제를 못했는데 벌을 받았다고 합니다.
저도 이와 같은 일을 겪은 적이 있습니다. 제가 2학년 때 도서관에서 2개월 동안 공부할 수 있는 기회가 있었습니다. 그때 숙제가 독서 논술 7~9쪽 풀어 오기였는데 제가 무슨 사정으로 숙제를 못 해 갔습니다. 그래서 전 억울하게 벌을 받았습니다.
제가 찾은 자료 신문 기사에서는 어떤 중학생이 피범벅이 돼 집에 들어왔다 합니다. 학원에서 영어 단어를 외우지 못한 까닭으로 대걸레로 팔을 세 번 맞고, 얼굴을 세 번 맞았다고 합니다. 그리고 지난해 6월 어떤 남학생은 태도가 불손하다는 까닭으로 등을 맞아 큰 멍이 들고 그리고 어떤 여학생은 숙제를 안 했다는 까닭으로 심하게 맞아 손가락뼈가 골절됐다고 합니다. 이렇게 맞아서는 학원에 가고 싶지 않습니다.

그러므로 교육 체벌은 필요하지 않다고 생각합니다.

- 김다현(5학년)

■ **침묵도 힘이 될 수 있다**

〈위대한 토론자들〉이란 영화를 보면 하버드 대학교와 토론하는 중에 와일리 대학 마지막 토론자가 5초 정도 말하지 않고 있는다. 심판과 관객 모두 한 눈빛으로 그 토론자를 보고 있고, 토론자는 깊은 생각에 빠진 표정으로 망설이는 것 같기도 하고, 자신감이 없는 것 같게 보이기도 한다. 모두가 언제 시작할지, 무슨 말을 할지 숨죽여 기다리고 긴장감이 흐르는 침묵 속에서 학생은 나지막하게 말을 시작한다. 모두 숨죽여 그 말을 듣는다. 여기에서 침묵은 의도한 것은 아니지만 모두를 집중시키는 효과가 있었다. 이렇게 침묵은 어떤 말보다 더 큰 힘을 갖기도 한다.

교차질의 1 : 1 토론

	찬성	반대
1	입안(1)	
2		입안(1)
3	교차질의(2)	

1 : 1 토론 두 번째 형식으로 이 토론은 교차조사가 아닌 서로 묻고 답하는 교차질의를 이용한다. 찬성 토론자가 1분 입안을 하고 반대 토론자도 이어서 1분 입안을 한다. 그리고 2분간 서로 묻고 답하는(교차질

의) 시간을 갖는 형식이다. 교차질의를 사용하면 시간이 줄어 토론 한 판에 4분이 걸린다.

1:1 토론의 특징

첫째, 1 : 1 토론은 학급 전체가 참여하는 토론이다. 모두가 토론으로 자기주장을 펴고 묻고 답하며 참여하여 토론을 경험한다는 그 자체만으로도 좋은 반면, 학급  구성원 모두가 참여하니 교실이 시끄러운 단점이 있다. 미리 둘만 들릴 정도로 말하라고 하지만 토론에 빠져든 아이들은 당연하게도 금세 목소리가 올라간다.

반 학생 수가 서른 명인 교실에서 1 : 1 토론을 하면 열다섯이 말을 하기 때문에 교실이 무척 시끄럽지만 아이들은 집중하면 내가 들으려는 토론자의 말만 들을 수 있는 경험을 하게 된다. 칵테일파티 효과 cocktail party effect다. 1953년 콜린 체리 Colin Cherry가 처음 이름 붙인 심리학 용어로, 칵테일파티가 열리는 시끄러운 자리에서도 사람은 좋아하는 사람의 소리, 나를 부르는 소리 같은 자신이 듣고자 하는 소리를 선택해서 인지할 수 있다는 원리다. 마찬가지로 1 : 1 토론은 시끄러워도 상대 토론자의 말을 들을 수 있다.

둘째, 시간을 한꺼번에 통제할 수 있다. 보통 토론에서는 입론이나 반박을 마치면 다음 토론자가 바로 이어서 토론한다. 또한 정해진 시간을 심판이나 시간 재는 사람이 알려 준다. 그런데 1:1 토론은 학급 구성원 모두가 참가하는 토론이기 때문에 시간을 잴 사람을 따로 두지 않는다. 참사랑땀반에서는 교실에 있는 텔레비전을 이용하는데, 텔레비전으로 시간을 재며 전체 토론자에게 한꺼번에 적용한다.

"자, 찬성편 입론입니다. 시간은 1분입니다"라고 알리고 시계를 돌린다. 그럼 찬성편은 1분 안에 입론을 펼쳐야 한다. 만일 입론 시간이 30초 만에 끝났으면 남은 30초는 기다려야 한다. 또 자기 입론이 1분을 넘겼다면 "자, 시간 마쳤습니다" 하는 말에 정리하며 마쳐야 한다. 정해진 시간을 제대로 활용하는 것도 토론 평가 항목이다. 시간을 다 채우지 못하는 경험을 자주 하면 스스로 느껴 다음 토론 준비를 제대로 하기도 한다. 텔레비전으로 시간을 재지 않을 때는 선생님이 시간을 재며 "30초 남았습니다", "마쳤습니다" 하며 말로 시간을 알릴 수도 있다.

셋째, 시간이 오래 걸리지 않아 찬성과 반대를 모두 경험하기에 좋다. 교차질의를 활용한 형식은 찬성과 반대에 입론 1분씩, 교차질의 2분 모두 4분이 걸린다. 심판들이 판정하고 토론자들이 토론하며 느낀 점을 이야기 나누어도 10분이 채 걸리지 않는다. 그래서 시간 부담 없이 찬성과 반대를 바꿔서 토론하여 한 차시에 토론 기회를 두 번 가질 수 있다. 이를 위해서는 토론 준비 때부터 찬성과 반대를 모두 준비해야 한다. 토론으로 수업을 계획할 때 미리 고려해야 할 점이다.

넷째, 편안하게 토론할 수 있다. 처음 토론을 하면 자기주장을 말로 해야 하는 것에 학생들이 부담을 크게 느끼는 편이다. 아무래도 여러 사람이 참가하고 그 앞에서 발표할 때 긴장을 많이 하게 되는데, 1:1 토론은 아무도 보는 사람 없이 앞에 있는 짝하고만 마주 앉아 토론을 하여

긴장과 부담이 크지 않다. 낯선 사람들을 만날 때 긴장하는데 1 : 1 토론은 토론하는 상대가 늘 만나는 짝이다. 날마다 만나고 함께 공부하고 장난치는 짝이라 편안하게 토론할 수 있다.

다섯째, 참가하는 학생들이 즐거워한다. 대회 토론에서는 즐거움보다는 긴장감이 흐른다. 반면, 교실에서 1 : 1 토론을 해보면, 토론하는 둘이 뭐가 그리 좋은지 서로 웃고 있는 모습을 흔히 보게 된다. 놀며 웃는 것이 아니라 토론으로 웃으며 좋아한다.

웃는 상황을 유심히 살피니 보통 실수할 때 웃었다. 제대로 잘 알아듣지 못했거나 틀린 대답을 할 때 많이 웃는데, 늘 보는 짝이니 그런 실수가 재미있게 느껴지는 것이다. 토론에서는 상대의 주장에 반박하고 맞서야 하는데, 그러지 않고 상대 주장을 인정하며 "맞아. 나도 그래" 하며 웃는다. 그러니 토론에 활기가 넘친다. 나는 교실토론에서 이런 웃음이 참 좋다. 긴장과 웃음이 적절히 조화를 이룬다.

이렇게 웃고 즐기는 모습은 학생들만 그런 것이 아니다. 선생님들과 토론 연수로 1 : 1 토론을 실습해도 마찬가지다. 웃으며 토론하지만 묻고 답할 때, 내 주장을 펼 때는 정말 진지하게 참여하는 모습을 흔히 볼 수 있다.

여섯째, 짝의 토론 수준에 따라 토론의 질이 좌우된다. 토론하는 상대방 즉, 짝이 토론 준비를 얼마나 했고 실력이 어떠한가에 따라 토론의 수준이 달라진다. 상대 토론자가 준비를 잘 해 와 토론이 치열할 때 더 흥미를 느끼며 열심히 하게 된다. 축구 시합을 할 때 상대팀이 비슷한 수준이거나 조금 더 잘하는 수준일 때 더 열심히 뛰는 것과 마찬가지다. 축구 시합에서 상대편의 수준이 너무 떨어지면 선수들은 대충 뛰며 빨리 끝났으면 한다. 보는 사람도 긴장감이 떨어지기는 마찬가지인데, 토론도 그렇다. 토론이 치열하지 않으면 다음에 그 토론자는 준비도 대충하고 토론에 대한 흥미도 반감한다. 실제 토론에서도 느슨하고 치열하지 못하게 되는데, 이것이 1 : 1 토론의 한계이기도 하다. 상대가 토론 준비를 열심히 할 때 토론은 치열해진다. 토론이 치열할수록 토론 참가자는 재미있어 하고 토론 준비도 알차게 한다.

1 : 1 토론의 변형

① 앞뒤로 토론하기

찬성	반대
반대	찬성

1 : 1 토론은 짝이 준비한 정도에 따라 토론의 질이 달라진다고 하였다. 그러니 짝을 바꿔 가며 토론할 수 있으면 좋다. 그러려면 모둠에서 다양하게 짝을 바꾸는 방법으로 토론을 진행한다. 한 모둠에서 위와 같이 앉는다면, 첫판은 옆에 앉은 짝과 토론하고, 두 번째 판은 앞뒤로 토론할 수 있다.

② 심판이 있는 1 : 1 토론

찬성	반대
심판 1, 2	

1 : 1 토론은 모두가 한꺼번에 토론한다고 하였는데, 그러다 보면 몇몇은 토론에 집중하지 못한다. 심판을 두고 토론할 때 학생들이 훨씬 더 긴장하며 참여한다. 학생들의 성향에 따라 판정해 주길 바라는 학생들도 있다.

토론자가 심판의 평을 직접 듣는 것은 도움을 준다. 학생들이 심판을 한다고 해서 질이 떨어지지는 않는다. 자기들 수준에 맞는 심사평을 해주고, 교사가 심사평을 하면 마음 상하기도 하지만 자기들끼리 하는 평은 웃으면서 듣는다. 한 판 토론하고서, 심판이 토론하고 토론한 학생들이 심판으로 판정할 수도 있다. 그러면 모두가 토론과 심판을 해볼 수 있다.

네 명이 한 모둠일 때 1 : 1 토론을 하면, 나머지 두 학생이 심판을 맡아 토론을 살피며 각자 평가한다. 토론을 마치고서 심판 두 명은 자기가 본 토론을 채점하고 다른 심판과 이야기를 나눈다. 보통 둘의 의견이 비슷할 때가 많다. 그러나 만일 둘의 평가 점수가 다르다면, 다른 그대로 발표하도록 한다.

여섯 명이 토론할 때는 어떻게 심판할까? 여섯이면 심판을 나눠서 봐야 한다. 다음과 같이 첫 줄과 세 번째 줄은 토론하고, 두 번째 줄은 심판을 본다. 심판 중 한 명은 앞쪽 첫 줄 토론을, 다른 한 명은 뒤로 자리를 옮겨 세 번째 줄의 심판을 볼 수도 있다.

찬성	반대

심판 1	심판 2

찬성	반대

⇩

찬성	반대

심판 1	

찬성	반대

심판 2	

만일 이렇게 토론하고서 심판에게도 토론의 기회를 주고자 할 때는 심판 1과 심판 2를 찬성과 반대로 나눠 토론하고, 토론했던 네 명이 심판을 보면 된다.

심판	심판
찬성	반대
심판	심판

사람 수에 따라 다양한 1 : 1 토론

세 명이 토론한다면 3인 1조로 하는 '두 마음 토론'으로 한다. 가운데에 판정인이 서고, 그 옆으로 찬성과 반대가 선다. 판정인이 고개를 돌리는 방향에 있는 사람이 자기의 주장을 편다. 판정인이 고개를 돌릴

때만 말을 할 수 있으며, 판정인이 내 말을 듣게 하기 위해 요구할 수 있는 기회가 한 번씩 있다. 이런 두 마음 토론을 모둠에 적용할 수 있는데, 4인 모둠일 경우 두 사람은 찬성과 반대로 나누고 한 사람은 판정인, 다른 사람은 참관인 구실을 하도록 한다. 판정인은 찬성과 반대의 의견을 듣고 어느 쪽 주장이 더 와 닿는지 말하며, 참관인은 전체 진행에 도움을 주고 마치고서 총평을 한다.

판정인		
찬성		반대
참관인		

 네 명이서 '1 : 1 : 1 토론'을 할 수도 있다. 예를 들어 '삼국통일은 우리가 했어야 한다'로 세 사람이 고구려, 백제, 신라로 나누어 토론한다면 세 명의 학생들이 자기가 맡은 나라가 삼국을 통일했어야 함을 주장할 수 있다. 나머지 한 학생은 심판을 맡아서 진행한다.

2 : 2 토론

자리 배치

찬성 1	반대 1
찬성 2	반대 2

 모둠을 꾸릴 때 학생들을 넷으로 모은다. 4인 모둠에서는 두 명씩 찬성과 반대로 나누어 토론이 가능하기 때문에, 이 모형도 1 : 1 토론과 마찬가지로 특별한 자리 배치 없이 쉽게 할 수 있다.

 찬성과 반대에 둘씩, 학생 넷이서 하는 대회 토론용 형식도 적용이 가능하다. 의회식 토론, CEDA 토론, 퍼블릭 포럼 디베이트가 여기에 속한다. 그러나 대회 토론용 형식을 교실에서 적용하기에는 시간이 많이 걸리고 아직 반론이 어려운 초등학생들에게는 무리이다. 그래서 짧은 시간 토론이 가능하고 모든 학생들이 참여할 수 있는 2 : 2 토론 형식을 설계하였다.

 6인 모둠일 때는 모둠원 중 둘을 심판으로 두고 2 : 2 토론을 할 수 있다. 심판은 토론 내용을 기록하며 승패를 정한다. 다른 모둠을 심판으로 둘 수도 있다. 4인 모둠으로 여섯 모둠일 때는 네 모둠은 토론하고, 두 모둠은 심판을 한다. 심판 모둠을 둘씩 나누면 심판도 네 조가 나오는데, 각 조가 모둠마다 심판으로 가서 토론에 참가한다.

찬성 1		반대 1
찬성 2		반대 2
심판 1, 2		

교차조사 2 : 2 토론

	찬성		반대	
	1 토론자	2 토론자	1 토론자	2 토론자
1	입안			
2				교차조사
3			입안	
4	교차조사			
5		입안 또는 반박		
6			교차조사	
7				입안 또는 반박
8		교차조사		
9	작전 시간			
10	마지막 주장			
11				마지막 주장

교차조사를 활용한 토론 형식은 입안에 1분, 교차조사에 2분, 작전 시간에 1분, 마지막 주장에 1분을 주면 토론 시간이 15분 걸린다. 만일 입안 시간을 2분으로 하면 토론 시간은 19분으로, 수업 시간에 쉽게 활용할 만하다.

입안과 교차조사까지 끝나면 작전 시간을 갖고 마지막 주장을 한다. 1 : 1 토론 외에 모든 토론에 작전 시간과 마지막 주장을 넣었는데, 둘을 빼고 토론을 진행해도 상관없다. 작전 시간과 마지막 주장을 빼고서 진행하면 12분 만에 토론이 끝나 훨씬 더 시간 여유가 있다.

이 형식은 교차조사로 토론한다. 교차조사는 반대편 토론자가 입안한 내용을 묻는 시간이다. 교차조사는 찬성 1 토론자가 입안한 내용을 반대 2 토론자가 질문한다. 반대 1 토론자 입론에는 찬성 1 토론자가 질문한다.

입안을 편 학생이 질문에 대답을 해야 하지만, 학생들 수준 차이로 대답을 하지 못할 수도 있다. 이를 고려하여 묻는 사람은 한 사람이지만 대답은 둘이 함께 할 수 있도록 허용할 수도 있다. 그래서 교차조사와 전원교차조사 둘 중에서 학생들 수준 차이나 교실 상황을 고려해 적합한 것을 활용한다.

전원교차조사는 아래 표의 차례대로 진행하며, 두 사람이 다 물을 수 있고 두 사람 모두 대답이 가능하다. 그래서 전원교차조사라고 한다. 전원교차조사는 교차조사보다 훨씬 더 치열하고 학생들 사이의 수준 차이도 극복 가능하다.

	찬성		반대	
	1 토론자	2 토론자	1 토론자	2 토론자
1	입안			
2			전원교차조사	
3			입안	

4		전원교차조사		
5		입안 또는 반박		
6				전원교차조사
7				입안 또는 반박
8		전원교차조사		

교차질의 2 : 2 토론

	찬성		반대	
	1 토론자	2 토론자	1 토론자	2 토론자
1	입안			
2			입안	
3	교차질의		교차질의	
4		입안 또는 반박		
5				입안 또는 반박
6		교차질의		교차질의
7	작전 시간			
8	마지막 주장			
9			마지막 주장	

교차질의를 활용한 2 : 2 토론 형식에서 교차질의는 입안을 편 두 사람이 서로 묻고 답하는 토론이다. 서로 묻고 답하기 때문에 묻고 답하는 역할이 정해져 있는 교차조사보다 조금 더 치열하다. 서로 질문을 먼저 하여 주도권을 잡으려 하기 때문에 첫 번째 질문을 누가 할 것인지 미리 정해 준다. 찬성에서 첫 번째 질문을 하고, 그 뒤는 자유롭게 서로 묻고 답한다.

이 형식은 교차조사 때보다 시간을 줄일 수 있다. 입안에 1분, 교차질의에 2분을 주면 토론 시간이 8분 걸린다. 작전 시간과 마지막 주장을 1분씩 넣어도 11분이 걸린다. 만일 입안 시간을 2분으로 한다면 토론 시간은 12분으로 이때도 교차조사보다 시간이 덜 든다.

참사랑땀반에서는 아래와 같은 전원교차질의 형식을 많이 쓴다. 주장을 편 사람끼리 하는 교차질의를 전원교차질의로 하여, 토론 참가자 모두가 묻고 답하기에 참여하는 형식이다.

	찬성		반대	
	1 토론자	2 토론자	1 토론자	2 토론자
1	입안			
2			입안	
3	전원교차질의			
4		입안 또는 반박		
5				입안 또는 반박
6	전원교차질의			

참사랑땀반에서는 전원교차조사나 전원교차질의를 많이 한다. 토론의 한계로 말했던 학생들의 수준 차이를 고려했기 때문이다. 입안은 미리 준비해 온 글을 자신감 있게 읽기만 해도 되나 교차조사, 교차질의는 다르다. 교차조사(질의)는 그 역할을 맡은 학생이 질문을 해야 한다.

또 입론을 편 학생은 다른 학생의 질문에 대답해야 한다. 우리 학생들 모두가 제대로 묻고 답할 수 있다면 이런 고민을 할 필요가 없다. 하지만 승패를 따지는 토론에서 교차조사나 교차질의 때 묻거나 대답하지 못한 학생은 자기 때문에 토론에 지는 아픔을 겪을 수 있다. 그래서 전원교차조사나 전원교차질의로 모두가 묻고 답할 수 있도록 하였다.

2 : 2 토론의 특징

먼저, 1 : 1 토론과 같은 점이 많다. 2 : 2 토론은 넷이 하는 토론이라 1 : 1 토론보다는 긴 시간이 걸리지만 15분 안팎의 짧은 시간에 토론이 가능하다. 그래서 토론 수업을 진행하는 데 부담이 없다.

2 : 2 토론은 한 모둠만 토론하고 다른 학생들이 심판을 할 수도 있으나 그것보다는 학급 전체가 한꺼번에 하기 좋은 방법이다. 모두가 한꺼번에 하니, 조금 시끄러운 것도 1 : 1 토론과 비슷하다. 한꺼번에 학급 전체가 토론이 이뤄져서 시간을 일괄 통제하며 운영하는 것도 비슷하다.

2 : 2 토론은 1 : 1 토론과 비슷하지만 좀 더 깊이 있는 토론이 이루어진다. 1 : 1 토론에서 토론의 수준이 상대 토론자에 따라 좌우되는 한계가 있다고 하였는데, 2 : 2 토론은 이런 한계를 조금이나마 극복할 수 있다. 토론 과정에서 1 : 1 토론보다 훨씬 더 치열하고 충실한 토론이 이루어진다. '1 + 1'이 '2'가 되는 단순한 계산을 여기에 적용할 수 있다. 짧으나마 토론 이전에 준비하는 시간을 가져 내가 준비한 입안과 함께 우리 편의 다른 토론자가 준비한 입안을 알게 한다.

"같은 편이 있어 마음이 편해요."

교사 연수에서 1 : 1 토론을 먼저 하고 2 : 2 토론을 실습하면 "혼자가 아니라 옆에 같은 편이 있으니 토론할 때 마음이 편해요" 하는 이야기를 듣게 된다. 옆에 함께하는 같은 편이 있으니 마음이 든든한 것이다. 우리 학생들도 마찬가지다. 혼자가 아닌 누군가 나와 같은 편이라 한결 마음 편하게 토론에서 함께하는 즐거움, 함께 준비하는 노력을 배운다.

2 : 2 토론은 다양한 모형으로 활용이 가능하다. 다른 모둠과 2명씩 토론할 수가 있다. 1 모둠은 찬성이 되고 2 모둠은 반대라면 1, 2 모둠에서 둘씩 나눠 1 모둠과 2 모둠 대항으로 토론할 수 있다. 물론 1, 2 모둠에서 둘씩 가려 뽑아 2 : 2 토론을 하고, 남는 네 사람은 토론을 참관(심판)하도록 하는 것도 가능하다.

■ '1, 2 : 가, 나 / 3, 4 : 다, 라'로 모두가 토론하는 모형

1 모둠

1	4
2	3

2 모둠

가	라
나	다

⇒

1	⇔	가
2		나

3	⇔	다
4		라

■ '1, 2 : 가, 나'는 토론하고 '3, 4, 다, 라'는 참관(심판)하는 모형

1모둠			2모둠			라		4
1	4		가	라	⇒	1	⇔	가
2	3		나	다		2		나
						다		3

 만일 학생 수가 적다면 2 : 2 대표로 토론하기를 적극 권한다. 2 : 2로 넷이 대표 토론을 하고 나머지 학생들은 시간을 재거나 심판을 맡을 수도 있다. 토론의 형식도 참사랑땀반에서 쓰는 형식이 아닌 대회 토론 형식을 사용해도 좋다. 학생 수가 적은 학급일수록 토론 수업에 적용하기 좋다.

 심판이나 방청객을 두고 토론할 때는 특히 목소리에 신경 써야 한다. 토론에서 토론 참가자가 목소리에 신경 써야 하는 것은 아주 당연하다. 2 : 2 토론을 대표 토론으로 진행한다면 대표 토론자가 교실 앞에서 말을 하는데, 목소리가 심판이나 방청객에게 들리도록 크게 이야기해야 한다. 대표 토론이 아니라 모두가 한꺼번에 토론하는 심판을 둔 2 : 2 토론이라면 목소리에 조금 더 신경 써야 한다.

찬성 1		반대 1
찬성 2		반대 2
심판		

앞과 같은 자리 배치로 토론할 때 찬성 1, 반대 1 토론자는 심판과 멀리 있다. 심판 뒤, 옆에서도 다른 토론이 일어나고 있을 경우 멀리 있는 토론자의 소리가 잘 들리지 않는다. 이럴 때는 목소리가 조금 더 큰 토론자를 찬성 1, 반대 1 자리에 앉도록 미리 알려 준다.

■ 역할 정하기

토론에서는 생각보다 많은 역할이 필요하지 않은데, 먼저 심판이 있어야 한다. 심판은 토론 판정을 하는 사람으로, 심판이 어떤 판정을 내리든 그 결과를 존중해야 한다. 그만큼 심판도 공정해야 한다. 학생들을 심판으로 두지 않는다면 담임이 심판을 하는데, 1 : 1 토론이나 2 : 2 토론이 이곳저곳에서 한꺼번에 일어난다면 담임이 모두 할 수 없다. 그럴 때는 학생들이 심판을 맡도록 한다.

시간을 재는 사람도 있을 수 있다. 보통 남은 시간을 알리는데, 말로 하지 않고 손가락으로 미리 약속을 정해 표시한다. 사회자를 둘 수도 있으나 교실토론에서는 토론의 시작과 토론 진행을 알리는 경우에만 사회자가 필요하기 때문에 잘 두지 않는다.

토론 내용을 참관하는 방청객을 둘 수도 있다. 방청객은 토론을 참관하고 토론을 본 소감을 말하기도 한다.

이 외에도 다른 역할을 나눌 수 있는데, 어떤 역할을 둘 것인가를 정하는 것은 교사 재량이다.

3 : 3 토론

자리 배치

찬성 1	반대 1
찬성 2	반대 2
찬성 3	반대 3

6인 모둠일 때 모두가 토론할 수 있는 형식이다. 조금이라도 많은 학생들이 토론에 참여할 수 있도록 하기 위해 이 형식을 활용하면 좋은데, 대회 토론의 형식 중 3 : 3 토론에 쓰는 칼 포퍼 토론 형식을 그대로 살려 쓸 수도 있다.

4인 모둠일 때는 아래와 같이 두 모둠에서, 한 모둠에 한 명씩 심판으로 세우고 3 : 3 토론을 할 수 있다.

찬성 1		반대 1
찬성 2		반대 2
찬성 3		반대 3
심판 1, 2		

교차질의 3 : 3 토론

	찬성			반대		
	1 토론자	2 토론자	3 토론자	1 토론자	2 토론자	3 토론자
1	입안					
2				입안		
3	교차질의			교차질의		
4		입안				
5					입안	
6		교차질의			교차질의	
7			입안			
8						입안
9			교차질의			교차질의
10	작전 시간					
11		마지막 주장				
12					마지막 주장	

 토론 참가자가 한 편에 셋으로 모두 여섯이면 토론에서는 적은 수가 아니다. 그러니 교차조사보다 교차질의가 더 적당하다. 찬성 1 토론자가 입안을 하고, 이어서 반대 1 토론자도 입안을 한다. 입안을 한 1 토론자끼리 서로 묻고 답하는 교차질의를 하고 2 토론자로 넘어간다. 입안에 1분, 교차질의에 2분으로 하면 모두 12분으로 토론을 마칠 수 있다. 작전 시간과 마지막 주장 시간까지 모두 16분이 걸린다. 여섯이 참여하는 토론 형식으로 이 정

도 시간 안에 진행할 수 있다면 수업에서 충분히 활용 가능하다. 2 : 2 토론처럼 작전 시간과 마지막 주장은 언제든 생략이 가능하다.

전원교차질의 3 : 3 토론

	찬성			반대		
	1 토론자	2 토론자	3 토론자	1 토론자	2 토론자	3 토론자
1	입안					
2				입안		
3	전원교차질의					
4		입안				
5					입안	
6	전원교차질의					
7			입안			
8						입안
9	전원교차질의					

참사랑땀반 3 : 3 토론에서 가장 많이 활용하는 형식이다. 입안을 편 토론자끼리 교차질의를 할 때 두 가지 아쉬움이 남아 전원교차질의로 바꿔 하고 있다. 첫째는 2 : 2 토론 설명에서 밝혔듯 토론 참가자의 수준 차이가 크기 때문이다. 모두가 묻고 답하는 전원교차질의는 토론자의 수준 차이로 토론이 제대로 이루어지지 않는 경우를 막을 수 있다. 둘째는 모든 토론자가 토론의 모든 과정에 관심을 갖도록 하기 위해서다. 교차질의 때는 입안을 편 사람만 묻고 답하기에 다른 토론자들이 집중하지 않을 수 있다. 전원교차질의는 모두가 참여하기에 다른 토론자의 말에 집중해야 한다. 3 토론자의 입론과 전원교차질의 뒤에 작전

시간과 마지막 주장을 넣어서 운영할 수도 있다.

시간을 더 줄이려면 다음 형식으로 토론하는 것도 좋다.

	찬성			반대		
	1 토론자	2 토론자	3 토론자	1 토론자	2 토론자	3 토론자
1	입안					
2				입안		
3		입안				
4				입안		
5			입안			
6						입안
7	전원교차질의					

토론의 요소를 설명할 때 학년에 따라 입안의 길이를 달리하는 것이 좋다고 하였다. 6학년은 입안을 2분에서 3분 정도 한다. 이럴 경우 토론 사이사이에 교차질의를 넣으면 20분 안팎으로 꽤 긴 시간이 걸린다. 이럴 때 활용 가능한 방법이 모두가 입안을 하도록 하고서 한꺼번에 전원교차질의를 하는 방식이다

중간에 교차질의가 들어가면 더 재미가 있고 상대 주장을 검증하는 시간을 가질 수 있는 장점이 있다. 그러므로 이 형식을 변형하여 입안을 두 번 하고서 전원교차질의를 하고 마지막 3 토론자가 마지막 주장을 하는 방식으로 활용할 수 있다. 2 토론자는 입안 대신 반박으로 형식을 짜도 좋다.

	찬성			반대		
	1 토론자	2 토론자	3 토론자	1 토론자	2 토론자	3 토론자
1	입안					
2				입안		
3		입안(반박)				
4					입안(반박)	
5	전원교차질의					
6			마지막 주장			
7						마지막 주장

■ 역할 달리하여 토론하기

논제에 따라 역할을 달리하여 토론할 수 있다. 예를 들어 '초등학생에게 스마트폰은 있어야 한다'는 토론이라면 선생님, 학부모, 학생으로 나뉘서 찬성과 반대에 참가해서 토론할 수 있다. 토론 준비 때 실제 선생님, 학부모들을 면담하여 자료를 얻을 수 있다.

	찬성			반대		
	선생님	학부모	학생	선생님	학부모	학생
1	입안					
2				입안		
3	교차질의			교차질의		
4		입안				
5					입안	
6		교차질의			교차질의	
7			입안			
8						입안
9			교차질의			교차질의
10	전원교차질의					

'동물원은 있어야 한다'로 토론한다면 사육사, 동물, 학생으로 나눠서, '학원은 있어야 한다'로 토론할 때는 (학원) 선생님, 학생, 학부모로 나누어 맡아 할 수 있다. '학교 폭력' 관련 토론은 가해(피해) 학생, 가해(피해) 학부모, 선생님 또는 일반 학생으로 할 수 있다. '게임' 관련 토론은 프로게이머, 학부모, 학생으로 나눌 수 있다.

3 : 3 토론의 특징

무엇보다 6인 모둠에서 모두가 참가하는 토론으로 적합하다. 한 모둠을 여섯으로 할 때, 3 : 3 토론은 토론 과정에 모두가 참여할 수 있어 좋다. 모둠 안에서 자리 배치의 부담 없이 서로 마주 보며 쉽게 할 수 있는 토론 형식이다. 이때도 미리 편을 나눠서 편끼리 함께 이야기 나눌 기회를 주어야 한다. 그래야만 같은 편끼리 주장의 근거가 겹치지 않도록 준비하고 서로 협력하게 된다. 모둠 안에서도 적정 수준의 경쟁이 생겨 준비에 더 충실해진다.

토론자의 부담이 적은 것도 특징이다. 2 : 2 토론의 특징에서 1 : 1 토론보다 참가자들의 부담이 적고 마음이 편하다고 하였다. 마찬가지로 3 : 3 토론 역시 한 사람이 하나의 역할만 맡아 그 역할에만 충실해도 토론에서 자기 몫을 충분히 할 수 있다. 또 같은 편이 한 명이 아니라 두 명이라 더 좋다. 같은 모둠으로 늘 함께 지내던 친구들이라면 더 편안하게 토론할 수 있다.

사람 수만 바뀌어도, 토론의 형식에 조금만 변화를 주어도 학생들의 반응이 다르며 새로운 의욕을 보이기도 한다. 사람 수에 따른 다양한 형식을 경험하면서 학생들은 자기에게 적합한 형식이 무엇인지도 알게 된다. 나에게 맞는 형식이 나오면 부담감이 적어 토론을 편안히 즐기며 참여하게 된다. 무엇보다 여러 형식을 알고 있을수록 임기응변이 능숙해진다. 시설에 따라, 학생 수에 따라, 토론 시간에 따라 토론의 형식에 변화를 주어 다양한 형식에 익숙해지는 것이 곧 학생들의 재산이 된다.

■ 6:6 토론으로 변형하기

어떻게 하면 더 많은 학생들이 실제 토론에 참가할 수 있을까 고민을 하다 보니 6:6 토론을 만들게 되었다. 6인 모둠에서 6:6 토론은, 셋은 토론에 참가하고 셋은 질문을 하는 역할로 나누어 한다. 나머지 학생들은 참관 또는 심판 몫을 한다. 토론 진행에서 토론 참가자는 주장을 펴고, 질문단의 질문에 답변할 수 있어야 한다. 많은 학생들이 한꺼번에 참여하는 6:6 토론은 학생들의 흥미를 이끈다.

찬성 1		반대 1
찬성 2		반대 2
찬성 3		반대 3
반대 질문단		찬성 질문단
참관 또는 심판석		

4 : 4 모둠 토론

자리 배치

| 찬성 모둠 | 반대 모둠 |

모둠을 네 사람으로 하는 경우가 흔하다. 4 : 4 토론은 모둠의 넷이 모두 함께 참여해 모둠 대항으로 하는 토론이다. 한편에 네 사람씩 여덟 사람이 토론에 참여하는 형식이다. 기존 대회용 토론에
서는 퍼블릭 포럼 디베이트를 4 : 4 토론(입안, 반박, 요약, 마지막 초점으로 역할을 나눠서 맡음)으로 많이 활용한다.

4 : 4 토론의 자리 배치에는 크게 두 가지가 있는데, 첫째는 다음처럼 앞부터 날개 모양으로 펼쳐 앉는 것이다.

칠판							
			찬성 1		반대 1		
		찬성 2				반대 2	
		찬성 3					반대 3
	찬성 4						반대 4
판정단							

 4 : 4 모둠 토론에서 흔히 쓰는 모습으로, 책상을 8자 모양으로 펼치고 토론자들이 앉는다. 좁은 교실에서 이런 모양으로 만들려면 공간 활용이 쉽지 않은 점과 시간이 걸리는 단점이 있다. 그렇지만 상대편과 판정단을 중심으로 앉은 각도가 비스듬하여, 상대편과 판정단을 모두 고려한 모양이라 토론에 집중하기가 수월하다.

 둘째로 서로 마주보고 앉기가 있다.

	찬성 1		반대 1	
판정인	찬성 2		반대 2	판정인
	찬성 3		반대 3	
	찬성 4		반대 4	

 쉽게 꾸릴 수 있는 형식으로, 보통 3분단으로 앉는다면 가운데 2분단을 중심으로 모두가 돌아앉도록 한다. 학급 전체 토론과 책상 배치는 같다. 가운데 2분단에 찬성과 반대로 나눠 두 모둠이 자리 잡는다. 이 모형은 찬성과 반대가 서로 마주 보고 앉는 토론자 중심 모형이다. 상대 모둠에서 자기와 같

은 역할을 맡은, 자기와 맞붙을 토론자와 마주 앉아 훨씬 더 긴장하게 한다. 그러나 이 모형에서 판정인은 한쪽 사람들 얼굴만 보여 집중하는 데 아쉬움이 있는 대형이다.

교차질의 4 : 4 모둠 토론

	찬성				반대			
	1	2	3	4	1	2	3	4
1	입안							
2					입안			
3	교차질의				교차질의			
4		입안						
5						입안		
6		교차질의				교차질의		
7			입안					
8							입안	
9			교차질의				교차질의	
10				입안				
11								입안
12				교차질의				교차질의
13				작전 시간				
14		마지막 주장						
15						마지막 주장		

교차질의를 활용한 이 토론은 참가자 8명 모두가 입안과 교차질의에 참여하는 형식이다. 토론자마다 자기주장(입안)을 내고 서로 묻고 답한다. 찬성 1 토론자와 반대 1 토론자는 각각 입안을 하고서 입안을 편 두 사람이 교차질의로 서로 묻고 답한다. 교차질의를 할 때 첫 번째 질

문 권한은 찬성 토론자가 갖는다. 이후에는 찬성, 반대 아무나 질문이 가능하다. 이 토론 형식은 다른 토론에 견주어 시간이 많이 걸린다.

개인 차이로 묻고 답하는 교차질의가 잘 일어나지 않을 수 있다. 그래서 많이 활용하는 형식이 전원교차질의다. 위의 표에서 교차질의를 전원교차질의로 바꾸면 된다. 전원교차질의로 토론을 힘들어하는 학생을 다른 학생들이 도울 수 있다.

입안과 교차조사로 역할을 나눈 4 : 4 모둠 토론

	찬성				반대			
	1	2	3	4	1	2	3	4
1	입안							
2						교차조사		
3					입안			
4		교차조사						
5			입안					
6								교차조사
7							입안	
8				교차조사				
9				작전 시간				
10		마지막 주장						
11							마지막 주장	

토론 참가자 넷을 입안과 교차조사로 둘씩 나눠서 토론하는 형식으로 참사랑땀반에서 주로 쓰는 형식이다. 참가자에서 1, 3번 토론자는 입안을 한다. 주장을 둘로 나눠서 펴는 셈이다. 2, 4번 토론자는 교차조사를 맡아 상대 1, 3번 토론자의 입안에 질문하는 역할을 한다.

이 형식으로 토론을 준비할 때 학생들은 입안과 교차조사로 역할을 나누는데, 보통 토론을 잘하는 학생이 교차조사를 맡는다. 입안은 준비한 것을 또렷하게 발표하면 되지만 교차조사는 상대 입안을 듣고서 바로 질문을 만들어 물어야 하기 때문이다.

원래 교차조사에서 상대가 질문을 할 때 대답은 입안을 편 학생이 해야 한다. 그러나 입안을 펴는 학생들은 토론을 힘들어하는 학생들일 수 있는데, 그럴 경우 상대의 질문에 제대로 대답하기 힘들다. 이런 학생들 수준 차이를 고려하여 모두가 대답할 수 있도록 질문은 한 학생이 하지만 대답은 모두가 하도록 형식을 바꿀 수 있다.

입안							
	모두가 대답 가능				교차조사		

퍼블릭 포럼 디베이트 형식을 활용한 4 : 4 모둠 토론

	찬성				반대			
	1	2	3	4	1	2	3	4
1	입안							
2					입안			
3	교차질의				교차질의			
4		반박						
5						반박		
6		교차질의				교차질의		
7			요약					
8							요약	
9	전원교차질의							
10	작전 시간							

| 11 | | | 마지막 초점 | | | |
| 12 | | | | | | 마지막 초점 |

퍼블릭 포럼 디베이트는 원래 2 : 2 토론이지만 토론의 형식에 입안, 반박, 요약, 마지막 초점의 네 가지 요소가 모두 있다. 그래서 네 가지 요소를 한 사람씩 맡는 4 : 4 토론으로 운영하는 사례가 많다. 교실토론에서도 이런 퍼블릭 포럼 디베이트의 특징을 활용할 수 있다. 학생들이 모두 다른 역할을 하여 작전을 세우며 즐겁게 참여할 수 있으나, 토론이 제대로 이뤄지려면 퍼블릭 포럼 디베이트 요소를 제대로 알고 있어야 한다.

4 : 4 토론의 특징

첫째, 모둠이 함께해야 한다. 4 : 4 토론은 자료 준비부터 끝까지 함께해야 하는데, 흔히 학교 컴퓨터실에서 모둠이 함께 자료를 찾는다. 또는 집에서 찾은 자료를 가져와 함께 이야기를 나눈다. 토론 입론도 함께 만든다. 두 사람이 입론을 말할 때 둘은 서로 근거가 달라야 하기 때문이다. 만일 네 사람이 입론하는 토론이라면 네 사람이 모두 근거가 달라야 해서 함께 이야기를 나누지 않으면 안 된다. 자료 준비만큼 중요한 작전 세우기도 함께 해야 하고, 토론에서 누가 어떤 역할을 맡을 것인지도 결정한다.

이때 평가 잣대로 학생들이 협동하게끔 이끈다. 평가는 학생들이 성장하는 데 좋은 도구가 될 수 있다. 평가 때 준비 과정에서 모둠이 보인 모습을 아주 중요하게 언급한다. 함께 자료를 찾고, 이야기를 나누고, 입론을 만드는 모습을 평가에서 높은 항목으로 정하고 점수를 많이 배정한다. 그러면 다음 번 모둠 토론에서 함께하려고 노력한다. 모둠 토론을 평가할 때 함께하는 모습, 협동심에 높은 배점을 주어야 하는 까닭이다.

둘째, 시간이 꽤 걸린다. 4 : 4 토론은 토론에 참여하는 학생 수가 많아 다른 교실토론보다 시간이 더 오래 걸린다. 15분에서 20분 남짓으로, 40분 한 차시 수업에서 토론할 수 있는 횟수는 두 판으로 네 모둠만이 토론에 참가할 수 있다. 더욱이 퍼블릭 포럼 디베이트는 40분 한 차시를 꽉 채워서 토론해야 한다. 물론 시간이 길다고 나쁜 것은 아니다. 다만 시간의 제약이 있을 때는 자주 운영하는 데 한계가 있다는 뜻이다.

셋째, 학기 말 토론 대회로 하기 좋다. 4 : 4 토론은 다른 교실토론보다 시간이 길지만 사람 수가 많으니 실제 한 사람이 토론에 참여하는 시간은 길지 않다. 그만큼 토론에 집중하기가 쉽지 않다. 그래서 끝까지 집중해서 토론할 수 있는 방법으로 학기 말에 토론 대회 열기를 추천한다.

학기 말쯤 한 주 정도를 '토론 주간'으로 정해 하루에 1~2시간 토론한다. 그러면 하루에 토론을 두 판 또는 네 판을 할 수 있다. 모둠으로는 네 모둠에서 여덟 모둠이 토론에 참여할 수 있다. 토론 주간 동안 두세 번만이라도 토론 기회를 가지면 학생들이 한 해 동안 쌓은 토론 실력을 뽐낼 수 있는 장이 될뿐더러, 그 기간의 토론 열기에 학생들이 토론에 더욱 집중한다.

■ **토론 대회를 잔치 분위기로!**

　토론 대회라고 하면 1등을 가려 뽑아야 할 것 같지만, 참사랑땀반에서는 등수를 따지지 않는다. '8강, 4강, 결승'처럼 토너먼트 방식으로 진행하여 등수를 따지면 학생들이 더 집중하는 것이 사실이다. 그러나 그 집중은 탈락과 함께 사라져 버린다. 탈락한 모둠은 다른 모둠이 토론할 때 토론에 집중하는 정도가 현격히 떨어지기 때문에 등수를 가리지 않고 돌아가며 더 많은 토론 기회를 주는 것을 원칙으로 한다. 토론으로 더 많은 학생들이 즐기는 자리가 되도록 토론 대회를 이끈다.

학급 전체 토론

자리 배치

찬성		반대

학급이 토론 한 판에 모두가 참여하는 형식이다. 학급 학생을 반으로 나누어 찬성과 반대로 편을 갈라 모두가 함께 토론에 참여한다. 보통 찬성과 반대는 무작위로 나눠서 임의로 정한다. 여섯 모둠이라면 세 모둠은 찬성, 다른 세 모둠은 반대를 하도록 한다. 이렇게 토론하고 그 다음 번에는 찬성과 반대의 역할만 바꿔서 똑같이 토론한다. 이 토론은 학급 구성원 모두가 하나의 토론 판에서 놀 수 있어 좋다.

전원교차조사 학급 전체 토론

찬성이 제1입안을 하고 나면 반대에서 전원교차조사 형식으로 질문

		찬성	반대
첫판	1	제1입안	
	2		전원교차조사
	3		제1입안
	4	전원교차조사	
둘째판	1	제2입안	
	2		전원교차조사
	3		제2입안
	4	전원교차조사	
		세 판 이상 필요시 앞판과 같은 진행	
		작전 시간	
		마지막 주장	
			마지막 주장

을 할 수 있다. 그러면 찬성은 대답만 한다. 질문과 대답을 명확하게 구분 지어서 운영하는데, 이때 질문과 대답은 찬성과 반대 구성원 모두가 참여할 수 있다. 입안을 편 사람은 입안만 펼 뿐 전원교차조사에서는 다른 토론 참가자와 마찬가지로 대답에 참여한다. 물론 묻는 측에서 입안을 편 사람을 지목하며 질문할 수도 있지만, 이럴 때를 제외하고는 모두가 대답에 참여할 수 있다. 전원교차조사는 찬성이나 반대에서 입안한 내용을 여러 사람이 깊이 있게 질문할 수 있어 좋다. 그래서 참사랑땀반에서는 이 형식을 학급 전체 토론으로 쓰고 있는데, 보통 세 판을 하면 30분이 조금 넘게 걸린다.

이 토론 형식은 위의 표에서 알 수 있듯 판의 개념이 있다. 첫판에서 찬성과 반대가 토론을 한 판 벌인다. 이렇게 한 판을 하는 데 걸리는 시

간은 입안 2분, 전원교차조사 3분으로 10분 정도이다. 한 판을 끝내고 나서 다음 판으로 넘어가는데, 첫판과 둘째 판은 다른 근거로 토론해야 한다. 심판이 판정할 때 판마다 따로 평가한다.

전원교차질의 학급 전체 토론

		찬성	반대
첫판	1	제1입안	
	2		제1입안
	3	전원교차질의	
둘째판	1	제2입안	
	2		제2입안
	3	전원교차질의	
		세 판 이상 필요시 앞판과 같은 진행	
		작전 시간	
		마지막 주장	
			마지막 주장

전원교차질의로 운영하며, 전원교차조사보다 시간을 줄여서 토론할 수 있다. 판의 개념으로 운영하는 것은 앞에서 설명한 내용과 같다. 다만 찬성과 반대가 모두 입안을 하고서 전원교차질의에서는 학급 구성원 모두가 묻고 답하기에 참여하는 형식이라는 점이 다르다. 전원교차질의에서 찬성과 반대 모두의 입안으로 이야기를 나누어 하나로 집중하기에는 조금 한계가 있다.

학급 전체 토론의 특징

말 그대로 학급 전체 토론은 학급 구성원 모두가 참가하는 토론이다. 1 : 1 토론과 2 : 2 토론도 모두가 함께하는 토론이기는 하지만, 이 두 토론 형식은 제각각 일어나는 토론으로 각각 다른 모습으로 토론이 이루어진다. 학급 전체 토론은 하나의 토론 장면에 모두가 참여하는 형식이다. 모두가 함께 주장을 듣고, 그 주장에 모두가 질문으로 참여할 수 있다.

학급 전체 토론은 사회자를 둔다. 다른 토론에서는 판정인만 두고 사회자는 두지 않았다. 토론 절차에 따라 저절로 흘러가기 때문이다. 그러나 학급 전체 토론은 사회자를 둔다. 학생이 할 수도 있으나 처음에는 선생님이 맡아 사회자의 역할을 보여줄 필요가 있다. 사회자가 할 일은 토론 진행이다. 절차에 맞게 차례대로 진행하는 것인데, 전체 토론을 몇 번 하면 학생들이 스스로 할 수 있다.

사회자는 발표 내용을 정리해 주기도 해야 한다. 모든 내용을 다 정리할 필요는 없지만, 입안이나 질문이 조금 어려웠거나 헷갈릴 수 있을 때 다른 학생들을 위해 정리할 필요가 있다. 학생들 수준에 따라 못 알아듣는 학생도 있기 때문에 사회자가 발표자를 조율해 주어야 한다. 입안은 원하는 학생 한 명이 하지만, 질문하는 학생과 대답하는 학생은 모두가 참여 가능하기 때문에 손을 드는 학생들을 적절하게 지명하며 조율할 필요가 있다.

- 사회자의 토론 진행 예시

"지금부터 학급 전체 토론을 시작하겠습니다. 논제는 ○○○입니다. 토론 차례는 ○○○입니다. 먼저 찬성에서 입론해 주시기 바랍니다. 시간은 0분입니다."

"네, 찬성 토론자의 입론을 들었습니다. 내용은 ○○○이었습니다. 이 내용으로 반대편에서는 반박 또는 질문을 해 주시기 바랍니다. 아무나 묻고 대답할 수 있습니다. 시간은 0분입니다."

"이어서 반대에서 입론해 주시기 바랍니다. 시간은 0분입니다."

"반대 토론자의 입론이었습니다. 찬성에서는 입론 내용에 반박 또는 질문해 주시기 바랍니다. 시간은 0분입니다."

학급 전체 토론은 내용에 깊이가 있다. 1:1 토론이 상대 토론자의 수준에 좌우되는 반면, 학급 전체 토론은 수준이 꽤 높다. 토론 준비를 많이 한 학생들이 적극 참여하기 때문이다. 토론을 좋아하고 자료를 많이 준비했거나 잘 아는 논제가 나올 때 학생들은 토론에 적극 참여하여 토론을 이끌어 간다. 그러니 토론의 수준이 높고 내용에 깊이가 있다. 그래서 참사랑땀반에서는 1:1 토론으로 입안과 교차질의를 연습한 뒤 학급 전체 토론으로 조금 더 깊이 있는 토론을 이끌고 있다.

학급 전체 토론이라고 하여 모두가 발표에 참여하지는 않는다. 학생들이 가끔 "선생님, 학급 전체 토론을 하니 토론에 참여하는 학생만 참여해요" 하며 불만을 말하기도 하는데, 학급 전체 토론을 하는 교사들의 공통 고민이기도 하다. 실제로 학급 전체 토론은 토론을 좋아하는 학생들 위주로 토론이 진행된다. 그렇다고 토론에 적극 참여하는 일부 학생들을 막는 것도 토론 분위기에 맞지 않으니 고민일 수밖에 없다. 이럴 때 1 : 1 토론이나 2 : 2 토론을 수시로 섞어 가며 해 주면 좋다.

1 : 1 토론에서 입안을 펴고 질문하는 경험을 계속하면 학급 전체 토론에 참가할 수 있는 힘을 키울 수 있다. 평소 학급 전체 토론에 잘 참여하지 않던 학생이 아주 간단한 질문이나 대답으로 새롭게 참여하는 경우들이 보인다. 그러면 "오늘 ○○가 용기를 내어 토론에 참가했어요. 우리 손뼉으로 축하해요" 하며 그 학생을 따로 크게 칭찬한다.

평가로 참여를 독려할 수도 있다. "오늘은 논리나 협력, 태도가 비슷한 것 같아요. 그래서 참가자 수로 판정을 하려고 해요. 찬성에서 발표나 질문 또는 대답한 사람 손들어 보세요. 반대는요?" 하고 평가할 때 묻는다. 손드는 학생 수를 세고 나서 "네, 찬성은 ○○명, 반대는 ○명이네요. 그래서 이번 토론은 찬성이 이긴 걸로 할게요. 다음 토론에서는 더 많은 학생이 참가하면 좋겠어요" 한다. 이렇게 한두 번 참가한 학생 수로 판정을 내리면 다음 번 토론에서 참가하는 학생 수가 늘어나는 모습을 볼 수 있다. 물론 새롭게 참가한 학생은 따로 크게 칭찬해 준다.

말하지 않아도 배움이 일어날 수 있다는 것을 기억한다. 학급 전체 토론에 참여하지 않는 학생들이 있다고 고민하는 선생님께 "선생님께서 수업할 때 말하며 수업에 참가하는 학생들이 몇이나 되나요?" 이런 물음을 되던지곤 한다. 사실 교실에서 선생님과 수업할 때 말하며 참여하는 학생이 많지 않다. 기껏해야 몇 명이 대답하는 정도가 보통이다. 그것을 감안하여 학급 전체 토론이 일어나는 모습을 다시 살펴보면, 적어도 학급 구성원의 절반은 토론에 참가해 말한다는 것을 알 수 있다. 그것만으로도 선생님이 혼자서 수업을 이끌 때보다 학생들의 참여가 높은 편이다.

그리고 토론에 참여하지 않는 학생들도 다른 친구들이 토론할 때 집중하며 듣고 있다. 입안을 펴면 함께 메모하고, 묻고 답할 때는 그 물음과 답변에 눈이 따라간다. 말하지는 않지만 토론에 함께 호흡하고 있음을 느낄 수 있다. 말하지 않는다고 배움이 일어나지 않는 것은 아니다.

토론에서 토론 교육으로

학급 전체 토론은 '교육'임을 고려하여 부드럽게 진행하는 것이 좋다. 토론의 원칙 중 합리성의 원칙에서 찬성과 반대에 같은 기회와 시간을 주어야 한다고 하였다. 교실토론에서는 이 원칙이 가끔 깨질 때가 있다. 교실에서 하는 토론은 '교육'이기 때문이다.

입안을 듣고 질문을 하는데, 한 학생이 입안 내용을 제대로 파악하지 못하고 엉뚱한 질문을 한다고 치자. 대회라면 그대로 두어야 한다. 그렇지만 우리는 대회가 아니다. "자, 지금 입안 내용은 ○○○이네요. ○○○로 질문하면 좋겠어요" 하며 도움을 준다. 또 토론에 익숙하지 않은 초등학생들이라 묻고 답하기에서 말꼬리를 잡거나 논제의 쟁점을 벗어난 아주 작은 것에 매달려 있다면 "자, 지금 그 질문과 대답은 토론 주제에서 조금 벗어났네요. 다시 ○○○ 이야기로 돌아올게요" 하여 토론에 길잡이를 해 준다.

묻고 답하기를 하는데 정말 치열할 때가 있다. 정해진 시간에 끊기가 아까울 때가 있는데, 그럴 때는 시간이 지나도 멈추지 않고 치열한 이야기를 조금 더 만끽하도록 해 준다.

우리가 교실에서 토론하는 까닭은 학생들이 토론으로 성장하기를 바라서이다. 단지 토론만 잘하기를 기대하는 것이 아니며, 토론으로 생각이 크고 행동으로 변화가 일어나기를 바란다. 우리가 하는 토론은 교육이기 때문이다. 그래서 단지 토론만 하고 마치지 않아야 한다. 토론한 뒤, 논제와 관련한 생각을 머릿속에 담고 몸으로 실천하려고 해야 한다.

토론에서의 주장이 삶이 되어야 진정한 토론 교육이다. 그래서 토론을 마치고도 여러 활동을 한다. 예를 들어 '급식'으로 토론했다면 남기지 않고 먹으려 애쓰거나 '급식실에서 일하시는 분들께 고마운 편지 쓰기'를 할 수 있다. '스마트폰'으로 토론했다면 '하루 스마트폰 꺼 두기' 같은 활동을 해본다. '자전거'로 토론했다면, '자전거 안전 캠페인'을 하며 토론이 삶으로 내려오도록 하는 것이 진정한 토론 교육이다.

교실토의

문제를 해결하는 과정

　토의는 집단(학급 또는 모둠)에서 어떤 문제가 생겼을 때 그 구성원(학생)이 그 문제를 해결하는 과정이다. 사실 학급에서는 토론보다 토의 상황이 훨씬 더 많은데 '아침 활동은 무엇으로 할 것인지, 우유는 어떻게 마실 것인지, 학급 규칙으로 어떤 것이 필요한지, 과제를 하지 않았을 때 어떻게 할 것인지'와 같은 일이 모두 토의로 해결할 수 있는 상황이다.

　교실토의는 학급에서 일어나는 크고 작은 일로 열 수 있다. 함께 해결하려는 노력이기 때문에 학급 구성원 모두의 참여를 이끌어 내야 한다. 교실토의에 참여하는 구성원은 모두가 같은 권리와 의무를 갖는다. 누구나 자기 의견을 말할 수 있어야 하고 어떤 의견이든 잘 들어 주어야 한다. 또한 학급 구성원은 토의 과정에 참여해 내 주장을 펼 수 있는 권리와 교실토의에서 결정한 것을 따라야 하는 의무가 있다.

　이렇게 토의로 학급 구성원 모두가 함께 노력하여 정한 해결 방법은 힘을 지닌다.

의제 선정

토의를 하기 위해서는 의제가 있어야 한다. 교과서에서 의제를 찾아 수업에 활용할 수도 있지만, 앞에서 보았듯 교실의 모든 삶이 의제가 될 수 있다. 학급에서 함께 고민할 거리가 생겼을 때 그 고민을 의제로 선정한다. 물론 교사와 학생들이 함께 또는 학생들 스스로 풀면 좋겠다는 생각이 있을 때 토의에 생기가 생기므로, 모두가 관심을 갖는 의제로 정한다.

- 의제 예
- 교실에서 생기는 문제(욕설, 싸움, 폭력, 따돌림 따위)
- 교실에 필요한 약속(규칙, 청소 방법, 아침자습, 지각 따위)
- 교실에서 함께 결정할 것(학급 신문에 대표 글 내기, 바깥 놀이, 현장학습이나 수학여행에 대한 여러 이야기 따위)
- 그밖에 학생들의 삶에서 함께 하고픈 이야기 또는 일어나는 문제

역할 정하기

- 사회자 : 처음에는 선생님이 하는 것이 무난하다. 토의에 익숙해지면 학급 회장이 한다. 사회자는 자기의 의견을 내세우지 않으며 참가자의 발표를 정리해서 말해 준다.
- 서기 : 학급 부회장이 맡아서 한다. 서기도 자기의 의견을 내세우지 않는다. 발표하는 내용을 칠판에 모두 써 학생들이 볼 수 있도록

한다.
- 참가자 : 사회자와 서기를 제외하고는 모두가 참가자가 된다. 참가자는 말할 수 있는 똑같은 기회와 시간을 가질 권리가 있으며, 토의의 결과에 수긍하고 따를 의무가 있다.

자리 배치하기

교실에서 자리 배치는 매우 중요하다. 어떻게 앉느냐에 따라 분위기가 달라서 학생들의 생각에도 변화가 있을 수 있다. 흔히 많이 쓰는 방법은 책상을 교실 중앙을 중심으로 빙 둘러 앉는 것이다. 둥글게 둘러앉으면 서로의 얼굴을 보며 이야기를 나눌 수 있다. 사회자를 중심으로 방사형으로 앉는 방식도 있다. 이 방식은 사회자와 서기의 기록을 볼 수 있어 좋다.

준비 시간과 토의 시간

의제를 정했으면 학생들에게 의제를 알리고, 그 의제를 어떻게 해결할 것인지 생각할 수 있는 시간을 주는 것이 좋다. 시간 여유가 있고 생각을 깊이 할 필요가 있는 의제라면 한 주 정도 시간을 준다. 예를 들어, 학기 초에 학급 규칙을 만들 때는 미리 알리고서 한 주의 시간을 주고 이야기하며 규칙을 만든다. 갑자기 생긴 의제일 경우 한 주는커녕 하루도 시간을 줄 수 없을 때가 있는데, 이럴 때도 바로 처리하려고 하지 말고 한 시간, 아니면 10분이라도 의제에 대해 생각할 시간을 주는 것이 필요하다.

토의에 앞서 구성원들에게 주어진 토의 시간이 얼마인지 알려 준다. 토의 시간을 지키는 가운데 해결 방법을 찾아낼 수 있어야 한다. 그러므로 집단 구성원은 토의 시간이 얼마나 되는지 알고 참가해야 한다. 사회자는 토의 시간을 감안하여 발표와 질문, 반박 과정의 시간을 적절히 조정한다.

첫 발표

본격적인 토의 진행에 들어가면 발표를 한다. 첫 발표는 모두가 하는데, 모두가 발표해야 집단에 속했다는 생각이 생긴다. 또 나중에 결정한 것을 스스로 따르도록 한다.

발표는 정해진 차례를 두지 않고 준비가 된 학생부터 무작위로 한다. 무작위로 하는 까닭이 있는데, 보통 1번부터 혹은 1 모둠부터 발표를 시킨다. 예를 들어 1번을 먼저 시키면 1번은 자기 준비와 관계없이 발표해야 한다. 그러니 자기 발표에 만족할 수 없다. 2번은 1번이 하는 발표가 안 들린다. 발표 준비로 정신이 없기 때문이다. 10번, 20번 학생들도 발표가 안 들린다. 자기 발표 차례가 되려면 시간이 아직 많이 남아서다. 그래서 차례를 정하지 않고 준비한 학생부터 발표한다.

발표에 앞서 발표할 내용을 간단하게 쓰도록 하는 것이 좋다. 발표하는 학생들에게 발표 시간을 정해 주는 것도 좋다. "자, 발표는 30초 안에 마쳐 주시기 바랍니다" 하며 미리 양해를 구한다. 그러면 발표자는 자기 하고픈 말을 정해진 시간 안에 할 수 있도록 미리 연습하기도 한다. 쓰고서 그것을 참고하도록 하되, 종이만 보고 읽지 않도록 안내한다. 발표할 준비가 된 사람은 손을 들고서 기다린다. 사회자가 이름을 부르면 그때 발표한다.

발표할 때는 내 주장이 제대로 전달될 수 있도록 목소리, 표정, 자세에 신경 써야 한다. 또 다른 사람이 발표할 때는 정성껏 귀 기울여 들어야 한다. 첫 발표에서는 아무도 질문과 반박을 하지 않는다. 모두 발표를 듣고 기록만 한다. 첫 발표에서 의견마다 질문과 반박을 해서는 정해진 시간 안에 회의를 마칠 수 없다.

질문과 반박

첫 발표가 끝나면 발표한 내용에 반박이나 질문하는 시간을 갖는다. 반박과 질문은 일정한 시간을 정해서 하고, 재반박과 답변도 마찬가지로 시간 제한을 둔다. 한두 사람이 너무 많은 시간을 사용하지 않게 하기 위해서이다. 이런 반박과 질문 과정을 거치며 첫 발표에서 나온 몇몇 의견은 힘을 잃고, 몇 개의 의견만 남게 된다.

결정하기

남은 몇 가지에서 우리 반의 것을 결정한다. 이때 결정하는 방식은 여러 가지를 쓸 수 있다. 가장 흔히 쓰는 방식이 다수결인데, 다수결을 할 때는 남겨진 몇 가지 의견에 한 번만 손을 들게 하지 않고 마음에 드는 모든 것에 손을 들게 한다. 꼭 하나만 좋을 수는 없기 때문이다.

학생들의 흥미를 끄는 토너먼트 방식으로 정할 수도 있다. 만일 여덟 개의 안건이 남았다면, 두 가지 안건을 동시에 올려 그 가운데 하나를 다수결로 정한다. 또 다른 두 가지 안건에서 하나를 정하며, 이렇게 남긴 네 개의 안건으로 두 개씩 겨루어 마지막 두 개를 남긴다. 최종까지 남은 두 개 안에서 하나를 정한다.

결정을 내릴 때 한 가지 유의할 점이 있다. 가장 많은 학생이 정한 것이 아닌 것도 차선책으로 남겨 두는 것이다. 학생들과 토의를 거쳐 결정했지만 그것이 완벽할 수 없고 또 하다 보면 문제가 생기기도 한다. 그때 또 다시 토의할 것이 아니라 이때 나온 의견에서 두 번째로 높았던 의견으로 하면 좋다.

7강
토의·토론 참여형 수업

참여를 이끄는 토의·토론 수업 방법을 추천한다.
알아 두면 토론이나 수업에서 쓰임의 폭이 넓다.

창문 구조

근거 들어 말하기를 연습할 수 있다

창문 구조는 4인 모둠에서 의사결정을 할 때 많이 쓰는 구조이다. 예를 들어 모둠 이름을 정한다면, 넷이서 돌아가며 자기 의견을 말하고 그 의견이 좋다는 사람 수만큼 창문에 써 둔 번호에 그 의견을 쓴다. 그렇게 여러 번 반복하며 의견을 모아, 네 사람이 모두 좋다고 한 의견으로 결정하는 방법이다. 이 구조를 토론에 활용하여, 근거를 들어 말하는 연습으로 쓸 수 있다. "저는 모둠 이름으로 ○○이 좋다고 생각합니다. 그 까닭은……" 하며 말하도록 연습할 수 있다.

창문 구조의 활용

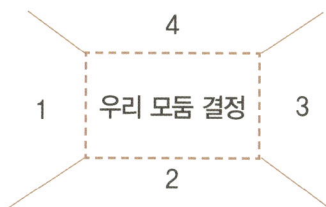

① 창문 모양을 그린다.
② 창문틀에 1, 2, 3, 4 숫자를 적는다.
③ 모둠 이름에 대해 자신의 의견을 돌아가며 말하고, 찬성하는 친구의 숫자에 그 의견을 적는다. 숫자는 어떤 모둠원의 의견에 동의한 사람 수를 말한다. 어떤 의견에 모둠원이 아무도 동의하지 않더라도 의견을 낸 사람은 손을 들었을 것이니 1에 속한다.

창문 구조를 활용하여 모둠 이름을 정하는 예를 들어 보자.
"우리 모둠 이름으로 무엇이 좋을까요?"
"뭉게구름요."
"왜죠?"
"왜냐하면, 하늘에 떠 있는 뭉게구름이 자유롭듯 우리도 그러면 좋겠습니다."
"그럼 뭉게구름이 좋은 사람 손 드세요."
네 명 모두 손을 들었다고 하자. 네 명이 모두 좋아하는 '뭉게구름'은 4번 칸에 적는다. 그다음 모둠원이 "저는 행복한 우리라는 이름이 좋습니다. 왜냐하면 우리 모둠이 함께 행복하길 바라기 때문입니다" 하니, 두 명이 손을 들었다. 그러면 '행복한 우리'는 2번 칸에 들어간다.
이렇게 몇 번을 더 이야기 나눈다.
"자, 그럼 4번 칸에 들어간 것에서 우리 모둠 이름을 정한다."
4번 칸에 들어간 것에서 하나를 선정한다. 선정한 이름은 가운데 네모 칸에 쓰고, 그 이름을 우리 모둠 이름으로 한다.

신호등 토론

색깔 카드로 의사 표현

신호등 토론이란 말 그대로 신호등 원리를 토론으로 가져와 진행하는 방식이다. 신호등에는 빨강, 초록, 노랑이 있다. 빨강은 갈 수 없음을, 초록은 가도 됨을 나타낸다. 노랑은 초록에서 빨강으로 넘어가는 중간이다. 이런 원리를 토론으로 가져와 활용하는 것으로, 학생들에게 빨강, 초록, 노랑 종이카드 세 장씩을 나누어 준다. 어떤 논제가 주어졌을 때 반대라면 빨강, 찬성이면 초록, 찬성과 반대의 중간이면 노랑으로 자기 의견을 드러내도록 한다.

신호등 토론은 찬성과 반대의 생각을 한눈에 볼 수 있는 장점이 있다. 토론이 아닌 무엇을 결정할 때도 쓸 수 있는데, 만일 종이카드가 없다면 가지고 있는 물건으로 대체할 수도 있다. 찬성은 책, 반대이면 공책, 중간이면 필통을 들게 하는 식이다. 신호등 토론은 찬성과 반대만이 아니라 중간이 있어 참가자가 마음 편안히 의사 표현을 할 수 있다.

신호등 토론 차례

① 참가자는 빨강, 초록, 노랑 종이카드를 준비한다.

② 논제를 보여주고 자신의 생각에 따라 종이카드를 든다.

③ "초록색 카드를 들고 계신데 왜 찬성하는지 그 까닭을 참가자들에게 설명해 주시겠습니까?"

④ "빨간색 카드를 들고 계신데 왜 반대하는지 그 까닭을 참가자들에게 설명해 주시겠습니까?"

⑤ 다시 카드를 들게 하여 생각이 바뀐 사람에게 까닭을 묻는다.

신호등 토론은 토론에서도 쓰지만, 학급경영에서도 쓰임새가 있다.

아침을 열 때, 신호등 토론에서 쓰는 종이 카드를 꺼내고서는 "오늘 아침 여러분의 몸 상태를 들어주세요. 초록은 몸 상태가 좋을 때 들고, 빨강은 몸 상태가 좋지 않을 때, 그리고 노랑은 보통이면 드세요." 하고서 카드를 들게 합니다. 토론에서와 마찬가지로 학생들이 든 색깔을 보고서 든 까닭을 물을 수 있습니다. 몸 상태를 마음 상태로 확인할 수도 있습니다. 이때 선생님들은 초록 빛깔보다 빨강 빛깔을 든 학생들에게 관심을 가져야겠습니다. 이렇게 날마다 아침을 열 때마다 아주 짧은 시간에 학생들 상태를 확인할 수도 있습니다.

회전목마 토론

1:1 토론에 적용 가능

회전목마 토론은 1:1 토론에 쓸 수 있는 형식이다. 학생들이 회전목마처럼 두 개의 원으로 둥글게 상대 토론자와 마주 본다. 안과 밖의 학생 수가 같아야 하는데 안쪽에는 찬성이, 바깥에는 반대가 자리 잡고 앉는다. 찬성과 반대의 자리가 반대여도 괜찮다. 안과 바깥을 찬성과 반대를 정하지 않고, 짝과 가위바위보를 해서 찬성과 반대를 정할 수도 있다.

토론을 시작하면 찬성과 반대가 1:1로 자기주장을 내세우며 토론한다. 그러다가 진행자가 신호를 주면 바깥에 있는 사람이 옆으로 한 칸 자리를 옮겨서 다른 토론자와 토론을 이어 간다. 회전목마 토론은 학급을 두 개의 큰 원으로 진행할 수도 있지만, 작은 원으로 나눠서 할 수도 있다.

회전목마 토론 방법

① 학급에 학생들을 찬성과 반대로 나눈다. 임의로 반으로 나누어도 된다.
② 원을 두 개 만든다.
③ 안쪽에는 찬성이, 바깥에는 반대가 앉는다.
④ 토론을 시작하면 찬성이 먼저 주장을 말하고, 이어서 반대가 주장을 펼친다. 교차질의로 묻고 답한다. 그밖에는 1 : 1 토론의 진행 절차와 주의할 점을 참고한다.

■ 분단 회전목마 토론

학급 전체를 두 개의 원으로 만드는 게 어렵다면 분단 회전목마 토론을 권한다. 분단 회전목마 토론은 분단끼리 짝과 마주 앉는다. 한 줄은 찬성, 다른 한 줄은 반대로 나눠 토론한다. 토론을 마치고서 한 쪽 줄이 한 칸도 뒤로 물리고, 맨 뒤 사람은 맨 앞으로 와서 앉아서 토론을 이어간다.

피라미드 토론

의견을 몇 개로 거를 때 활용

피라미드 토론은 의견 결정 과정이 피라미드를 닮았다고 하여 그런 이름이 붙었다. 구성원의 여러 의견을 몇 개로 추스를 때 모두의 참여를 바탕으로 활용할 수 있다. 먼저 1 : 1로 토론과 토의를 거쳐 합의를 이룬 뒤 2 : 2로 넓혀서 또 합의한다. 또 4 : 4로 만나서 합의한 것을 8 : 8로 넓혀 마지막에는 두 개의 큰 집단만 남긴다.

피라미드 토론은 1 : 1에서는 짝을 설득해 내 의견으로 결정을 이끈다. 2 : 2, 4 : 4로 사람 수가 늘어나지만 내 의견 또는 짝의 의견, 다른 의견에 내 뜻도 포함이 되었으므로 끝까지 관심을 갖는다.

피라미드 토론을 할 때, 낼 수 있는 의견은 한 개일 수도 있고 여럿일 수도 있다. 한 개일 때는 자기 것을 고집해 결정이 힘들 수도 있다. 반면 한 사람이 서너 개를 낼 때는 두 사람이 모여서도 서너 개로 모으니 조율이 훨씬 더 수월한 편이다. '무인도에 갈 때 필요한 것 3가지' 또는 '행복하기 위해 필요한 3가지'를 예로 들 수 있다.

피라미드 토론 방법

① 주어진 질문에 각자 생각한 대답을 일정한 가짓수만큼 준비한다.
② 그 대답을 포스트잇에 쓴다.
③ 각자가 쓴 내용을 짝과 1 : 1로 모은다. 만일 한 사람이 다섯 장을 썼다면 열 장의 포스트잇이 모인다. 이 포스트잇에서 같은 내용은 그대로 두고 다른 내용은 상대방과 이야기(토론과 토의)하여 다섯 장으로 줄인다.
④ 이와 같은 과정으로 2+2, 4+4, 8+8로 사람 수를 늘리며 이야기한다. 사람 수는 늘어나지만 카드의 수는 여전히 5장이 된다. 전체 참가자가 두 개 팀으로 나누어질 때까지 의견을 나누고 두 개 팀으로 남았을 때 그 내용을 모두에게 발표한다. 최종 남은 것에서 토론과 토의의 과정을 거쳐 다섯 개의 내용으로 확정하는 방식이다.

학급이 최종 둘로 나누어지려면 몇 번의 과정을 거쳐야 하기 때문에 시간이 오래 걸린다. 시간 제한이 있을 때에는 모둠 안에서만 협의하도록 한다. 모둠 안까지 이야기 나누니 짝과 1 : 1로 정하고, 정한 것으로 2 : 2로 이야기 나눠 모둠의 의견으로 한다. 이렇게 모둠에서 정한 내용을 학급에서 함께 이야기 누나는 방식으로 변형하여 진행할 수 있다.

단계가 올라갈수록 포스트잇 색깔을 달리하는 것도 좋다. 1 : 1은 흰색에 의견을 모으고, 2 : 2는 흰색의 의견을 보며 노란색에 모은다. 4 : 4는 노란색에 있는 의견을 보며 파란색에 정한 의견을 쓰며 단계에 따라 색깔을 달리하는 것도 좋다.

모서리 토론

네 가지 중 하나를 선택하여 주장

모서리 토론은 네 모서리에 각기 다른 네 가지를 선택할 수 있도록 두고서 한 가지를 선택하여 자기주장을 펼치는 방법이다. 예를 들어 '계절에서 가장 좋은 계절은?' 하는 질문에 네 모서리를 '봄, 여름, 가을, 겨울'로 나누고, 학생들이 자기가 좋아하는 계절을 선택하도록 한다. 그리고는 선택한 까닭을 물으며 알아본다. 같은 선택을 한 친구들과 함께 이야기를 나누며 근거를 다듬어 대표로 주장을 펼칠 수 있다. 이럴 때는 토론 형식을 갖추고서 할 수도 있다. 모서리 토론은 개인의 선택에 따라 이동하기 때문에 생각이 몸과 함께 움직이는 흥미 있는 토론이다.

모서리 토론은 네 모서리라 네 가지 의견을 기본으로 한다. 그런데 모서리로 다니면 어지럽고 산만해서 수업이 제대로 되지 않을 때가 있다. 이럴 때는 모둠 자리를 그대로 활용해서 할 수도 있다. 기존 모둠 수만큼 여러 의견을 내어 모둠 자리에서 앉아서 이야기 나누도록 하면 훨씬 더 집중해서 이야기 나눌 수 있다. 기존 모둠 수가 너무 많다면, 한두 모둠을 합쳐서 필요한 가지 수만큼 책상을 배치할 수도 있다.

모서리 토론 방법
① 네 가지로 선택이 가능한 문제 상황을 제시한다.
② 문제 상황에서 선택한 모서리로 이동한다.
③ 모서리에 모인 사람들끼리 이야기를 나누며 근거를 보강한다.
④ 돌아가며 모서리 대표 또는 모서리에 있는 사람이 그 모서리에 간 까닭을 발표한다.
⑤ 이야기를 듣고 궁금한 점을 질문하거나 반론할 수 있다.
⑥ 다시 한 번 모서리를 선택할 기회를 주고, 바뀌거나 바뀌지 않은 까닭을 들어 본다.

■ 놀이로 하는 모서리 토론

술래를 한 명 정한다. 술래는 앞으로 나와서 칠판을 보고서 눈을 감는다.(가린다.) 그 사이 주어진 주제(봄, 여름, 가을, 겨울)로 네 모서리로 옮기게 한다. 학생들이 옮기고 나면, 술래는 한 곳을 크게 말한다. 술래가 말한 모서리에 있던 학생들은 탈락한다. 여러 주제(세계 네 나라에서 가고픈 나라 정하기, 음식 넷에서 좋아하는 음식, 연예인 네 명에서 좋아하는 연예인 따위)로 놀이를 이어갈 수 있다.

가치수직선 토론

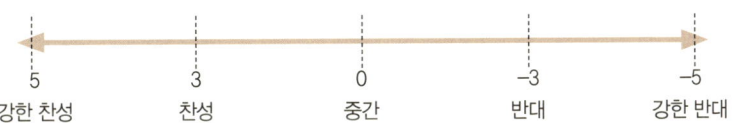

생각을 숫자로 표현

자기의 생각을 숫자로 나타내어 드러내는 것으로, 어떤 가치에 자기가 생각하는 정도를 숫자로 나타내고 그 까닭을 설명하는 방식이다. 이때 0을 기준으로 반 접어서 두 줄로 세워 강한 찬성(5)과 강한 반대(-5)가 토론하고, 찬성(3)과 반대(-3)가 토론할 수 있다. 교실에서는 학생 수가 많아서 이렇게 반으로 접어서 하는 토론 활동에는 제한이 있지만, 학생 수가 적은 교실이라면 학생들의 흥미를 끌며 토론으로 할 수 있다.

가치수직선 토론은 칠판에 수직선을 크게 그리고서 학생들이 자기 주장 정도를 표시하게 할 수 있다. 칠판은 모두가 드러나는 장점이 있는 반면, 어수선해 자기 생각을 집중하는데 어려움이 있다. 이럴 때는 학습지로 할 수 있다.

가치수직선 토론 방법

① 가치 판단이 필요한 상황을 제시한다. 예를 들어 '스마트폰으로 사람들은 행복하다'라는 논제를 모두에게 제시할 수 있다.
② 칠판에 수직선을 그려 두고, 이 논제에 대한 자신의 생각을 정하도록 한다.
③ 자기가 정한 결정을 숫자로 쓰고, 그렇게 결정한 까닭을 포스트잇에 글로 쓴다.
④ 포스트잇을 수직선에 붙인다.
⑤ 수직선에 붙어 있는 포스트잇의 전체 모습을 보며 우리 반 학생들이 이 논제에 대해 어떤 생각을 갖는지 살핀다.
⑥ 수직선에 있는 포스트잇을 보며, 그렇게 결정한 까닭을 발표하도록 한다.
⑦ 포스트잇에서 서로 반대에 있는 학생끼리 짝을 이룬다.
⑧ 만난 학생끼리 토론한다.
⑨ 처음 생각과 바뀐 사람은 포스트잇을 또 붙인다.
⑩ 토론하고서 든 생각을 이야기 나눈다.

학생 수가 많을 때는 수를 많이 나타낼 수도 있다. '강한 찬성(10), 찬성(5) 중간(0), 반대(-5), 강한 반대(-10)'로 하여 학생들이 선택할 수 있는 숫자가 늘어나도록 돕는다.

브레인라이팅

떠오르는 아이디어를 글로 적기

독일의 홀리겔이 개발한 635법은 6명이 둘러앉아 3개의 아이디어를 5분 내에 쓰고 옆으로 돌려서 또 쓰는 방법이다. 이것을 프랑크푸르트에 있는 바텔 연구소가 고쳐서, 떠오르는 아이디어를 자유롭게 참여하며 이끌어 내는 기법이 브레인라이팅이다.

브레인스토밍의 변형으로, 브레인스토밍과는 달리 말로 하지 않고 글로 쓴다. 자신감이 없거나 말하기를 꺼리는 학생들에게 브레인스토밍은 부담이 될 수 있다. 이럴 때는 브레인라이팅을 쓰면 좋다. 처음 세 개는 내가 생각해서 쓰지만 그다음부터 다른 사람이 쓴 것을 참고하며 쓸 수 있다. 4인 모둠일 때 한 사람이 자기 것 세 개에 다른 세 명이 아홉 개를 더 쓰니 열두 개의 아이디어가 모인다. 같은 주제에 이런 기록지가 네 장이므로 총 48개의 아이디어가 모인다.

다른 방법으로, 주어진 문제에 자기 의견을 정해진 개수만큼 적어 내도록 한다. 적어 낸 의견을 분류하여 붙이면서 아이디어를 모을 수 있다. 이럴 때는 포스트잇을 활용할 수 있다.

브레인라이팅 방법

① 모둠으로 활동한다. 4~6인 모둠이 적합하다.
② 주제를 준다. 여러 생각이 나올 수 있는 주제이면 더 좋다. 예를 들어 학기 초에 '올해 우리 반에서 해보고 싶은 것은?' 하고 문제를 준다.
③ 개인에게 브레인라이팅 기록지를 나누어 준다. 기록지에 가로 세 칸, 세로는 모둠 구성원의 수보다 한두 줄 많게 표를 만들어 준다.
④ 첫째 줄에 자신의 아이디어를 세 개 쓴다.
⑤ 다 쓴 기록지를 다음 사람에게 넘기고, 앞 사람의 기록지를 받아서 다른 사람이 쓴 것을 참고하며 또 다른 아이디어를 세 개 쓴다.
⑥ 모둠원 모두가 기록지를 돌리며 쓴다.
⑦ 돌리며 쓸 때, 생각이 나지 않으면 비워둔 채로 넘긴다.
⑧ 앞 사람이 쓰지 못한 빈칸은 그대로 둔다. 내 줄에 있는 세 칸을 다 채웠으면 앞 사람이 비워둔 칸을 채울 수 있다.
⑨ 다 쓴 종이를 받아서 살피며 생각을 이야기 나눈다.

브레인라이팅을 할 때 주제를 어떻게 할 것인가에 따라 그 모습이 조금씩 다르다. 네 사람이 함께 할 때, 네 사람 모두에게 같은 주제로 브레인라이팅을 하면 학생들이 한 주제에 집중할 수 있는 반면 지겨워하기도 한다. 이럴 때는 개인마다 다른 주제를 줘서 할 수도 있다. 내가 받는 주제가 계속 다르니 받을 때마다 새로운 생각을 하게 된다.

PRO-CON 토론

찬성과 반대 모두 경험

존슨 앤 존슨Johnson & Johnson이 개발한 이 모형은 찬성Pro와 반대Con으로 의견이 나뉘어 대립되는 논쟁의 과정에서 찬성과 반대의 입장을 다 경험해 봄으로써 최선의 해결책을 찾아 문제를 해결해 나가는 방식이다.

모둠에서 '닭과 달걀에서 무엇이 먼저일까?'를 결정하는 상황을 예로 들어보자. 4인 모둠에서 둘씩 작은 집단을 만들고 한 모둠은 닭을, 다른 한 모둠은 달걀을 선택해서 토론을 펼친다. 주장을 펴고 묻고 답하는 시간을 갖는다. 이어서 역할을 바꿔서 토론한다. 이렇게 두 번의 토론을 거치고 닭과 달걀에서 무엇을 선택할지 결정하여 모두 앞에서 발표한다.

PRO-CON 토론 방법

① 논제를 제시한다.
② 모둠을 두 개의 작은 모둠으로 나눈다.

③ 작은 모둠에서 찬성과 반대의 역할을 나눠 맡는다.
④ 토론한다.
⑤ 역할을 바꿔서 토론한다.
⑥ 두 번의 토론을 바탕으로 모둠에서 찬성과 반대 가운데 하나를 결정한다.
⑦ 전체 앞에서 모둠이 선택한 것과 그 까닭을 발표한다.

  PRO-CON 토론은 참사랑땀반 교실토론에 그대로 적용이 가능하다. 학생들은 토론으로 찬성과 반대를 모두 경험하면 찬성이든 반대든 어느 한 쪽으로 자기 마음이 쏠리기 마련이다. 참사랑땀반 교실토론의 1 : 1 토론에서는 개인이, 2 : 2 토론은 둘이 함께 찬성과 반대를 결정한다. 다만, 참사랑땀반 교실토론에서는 찬성과 반대를 모두 경험하고서든 자기 생각을 PRO-CON 토론처럼 공개로 밝히지 않고 보통 글로 쓴다. 그리고는 토론한 주제로 '그럼 우리는 어떻게 해야할까?'로 이야기 나누는 토의 시간을 갖는다. 어느 것이 나은가의 문제라기보다 토론을 어떻게 마칠 것인가로 선택해서 진행할 수 있다.

월드카페

월드카페

월드카페는 후아니타 브라운Juanita Brown과 데이비드 아이잭스David Isaacs가 1995년에 개발하였다. 월드카페는 대화를 바탕으로 한다. 대화가 잘 이루어지기 위해 카페와 같이 부드러운 환경을 만들어 진행한다. 월드카페는 대집단 토론회에서 많이 쓰는데, 대화를 나누고서 자리를 옮겨 다른 사람들과도 만나 대화를 이어가기 때문이다.

월드카페 방법

① 월드카페에 참여하는 사람 수를 고려하여 공간을 정한다. 카페처럼 편안한 분위기를 위한 환경(음악, 먹을거리, 꽃 등)을 만든다.
② 참가자 수를 고려해 테이블을 배치한다. 4~6명 정도가 한 테이블이 되도록 구성하며, 원형으로 둘러앉도록 의자를 배치한다.
③ 준비물로 기록을 위한 큰 종이(전지), 사인펜, 색연필, 유성매직, 포스트잇 등을 둔다. 편안한 분위기를 위해 음악을 틀어도 좋다.

④ 모든 테이블에 주제를 같이 하거나 테이블마다 주제를 달리할 수 있다.

⑤ 테이블에서는 1차 대화를 나눈다. 먼저 자기소개 시간을 가진다.

⑥ 테이블에서 호스트(주인장)를 한 명씩 정한다. 호스트는 대화를 이끄는 역할을 한다. 호스트는 미리 정해둘 수도 있다. 자기소개 후, 1차 대화를 마치면서 참가자에서 정할 수도 있다.

⑦ 소개를 마치면 대화 주제에 대화를 나눈다. 말할 때는 테이블에 있는 종이에 글로 쓰고 그림을 그리며 포스트잇을 활용한다. 말하는 차례는 정해둘 수도 있고, 자유롭게 할 수도 있다. 호스트는 개별 발표 시간 조절로 모두가 말할 수 있도록 해야 한다.

⑧ 1차 대화가 몇 분 남았음을 알려 정리 시간을 준다. 1차 대화를 마치면 호스트만 남고 다른 사람들은 자유롭게 다른 테이블로 이동한다.

⑨ 2차 대화도 호스트와 새로운 참가자들의 소개로 시작한다.

⑩ 테이블 종이를 보며 호스트는 1차 대화 내용을 간단하게 소개한다.

⑪ 새로운 참가자들과 대화를 이어간다. 참가자들은 종이의 1차 대화 내용에 자기 의견을 덧붙이기도 하고, 새로운 생각을 보태기도 한다.

⑫ 1차와 같이 2차 대화도 닫고, 3차, 4차 대화로 이어갈 수 있다. 호스트는 그대로 있기도 하고, 회차가 더해질 때마다 바꾸기도 한다.

⑬ 모든 대화를 마치면 1차 대화를 했던 곳으로 함께 모여 전체 공유를 위한 준비 시간을 갖는다.

⑭ 전체 공유 시간에 호스트는 대화 내용이 가득 담긴 종이를 전체에게 보여주며(벽에 게시 또는 참가자가 들어주기) 대화 내용을 소개한다.

원탁 토론

토론자 모두 평등하게 참가

원탁 토론은 보통 6~7명 정도의 사람들이 둥근 책상에 둘러앉아서 형식에 구애 받지 않고 자유롭게 이야기 나누는 것을 말한다. 원탁이라는 개념은 토론 참가자가 모두 평등하게 참가한다는 가치를 담고 있다. 그러기에 말할 수 있는 기회와 시간을 공정하게 준다. 원탁 토론에서는 사회자의 역할이 중요한데, 사회자는 토론의 규칙을 잘 이해하고 자유로운 분위기에서 토론이 진행되도록 힘써야 한다. 또한 토론 참가자의 참여를 끌어내기도 해야 한다.

보통 서너 번 말할 기회를 갖는데 진행은 교실토의와 비슷하다. '첫 번째 말하기'에서는 모두가 정해진 시간 동안 발표하도록 한다. 처음 발표할 때는 원하는 사람이 먼저 말하고, 원하는 사람이 없을 때는 다양한 방법으로 말할 사람을 정한다. 컴퓨터 프로그램을 이용해 무작위로 할 수도 있고, 발표한 사람이 다음 사람을 정할 수도 있다. 이어지는 '두 번째, 세 번째 말하기'에서는 첫 발표 내용을 묻거나 자기주장을 보충

한다. 이때는 모두가 참여하지 않을 수도 있다. 보통 '네 번째 말하기'가 마지막 말하기인데, 이때도 첫 번째 말하기와 마찬가지로 모두가 말하도록 이끈다.

교실에서는 주어진 주제로 모둠 원탁 토론을 먼저 하는데 모둠장이 진행을 돕는다. 모둠 원탁 토론을 마치고서 모둠에서 뽑은 대표가 학급 원탁 토론에 참가한다. 모둠 대표들은 모둠에서 나온 의견으로 발표한다. 학급 원탁 토론에서 사회자는 선생님이 맡는 것이 좋다.

원탁 토론의 방법

① 토론자들이 소개를 한다. 사회자가 할 수도 있다.(30초)
② 첫 번째 말하기(1차 발언) : 주어진 주제에 자기주장을 말하는 것으로 모두 발언한다.(2분)
③ 두 번째 말하기(2차 발언) : 다른 토론자들의 주장에 질문과 반박을 한다. 질문과 반박을 받으면 3차 발언에서 대답할 수 있다.(2분)
④ 세 번째 말하기(3차 발언) : 두 번째 말하기에서 받은 질문에 답하고, 반박에 재반박하며 자기주장을 보충한다.(2분)
⑤ (필요시) 방청석 질문
⑥ 네 번째 말하기(4차 발언, 정리 발언) : 자기주장을 간결하게 정리하여 마무리한다.(1분)

(참고 : 원탁 토론 카페 http://cafe.daum.net/wontak21.org)

8강

독서 토론

독서 토론은 '책 읽고 하는 토론'이다.
그러니 '독서'와 '토론'을 알면 누구나 할 수 있다.

먼저 알기

독서와 토론 어느 쪽이든 가치 있다

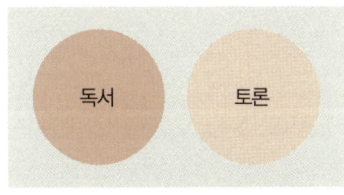

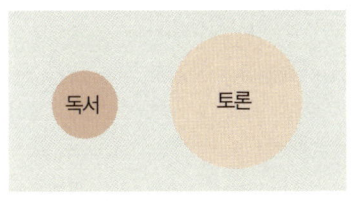
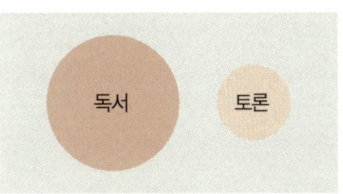

독서와 토론은 엄연히 다르다. 그런데 욕심이 난다. 학생들이 책을 읽고, 그것으로 주장하는 글을 쓰고, 그 주장을 말로도 펴면 좋겠는데, 그 길이 독서 토론이다. 그러나 교사에 따라 관심 분야가 다르다. 독서보다 토론에 관심 있는 선생님은 토론만 가지고도 학생들과 행복하게 잘 지낸다. 반면 토론보다 독서에 관심이 있으면 책 읽어 주는 교실을 만드는 것만으로도 학생들과 교사가 모두 좋다. 이렇게 관심 분야에 따라 즐겁게 하고픈 것을 할 때 흥이 나는데, 억지로 독서 토론을 몇 시간 이상 하라고 시키고 독서 토론 대회를 업무로 맡으니 흥이 나지 않는다.

독서와 토론 둘 모두 좋은 활동이다. 어느 것이든 제대로 하면 독서 토론이 아니어도 그것만으로도 적극 인정하고 지지할 일이다.

독서가 토론과 잘 맞을 때 한다

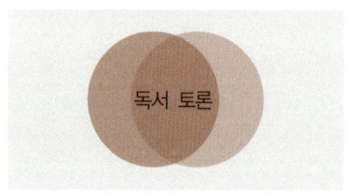

교실에서 가끔씩 학생들에게 책을 읽어 준다. 독서 토론을 하기 위한 목적이 아니라 좋은 책이라서 읽어 준다. 책을 읽어 주고서 그 느낌을 글로 쓰는데 학생들의 생각이 다른 것들이 보일 때가 있다. 이것이 쟁점이다. 이 쟁점으로 논제를 삼아 토론하면 아주 자연스러운 독서 토론으로 이어진다.

책을 읽어 주는 목적은 학생들이 책을 좋아하게끔 하기 위해서다. 토론을 억지로 이끌기 위해 책을 읽어 주면 학생들이 책을 싫어하게 될 수도 있으니 조심한다.

참사랑땀반의 독서 활동

책 읽어 주기

책을 읽어 주면 학생들이 참 좋아한다. 1학년과 지낼 때는 날마다 그림책을 읽어 주었는데 고학년은 그게 쉽지 않아 주에 한 편 정도 그림책을 읽어 주고 있다. 긴 줄책은 한 권으로 한 달이 넘게 조금씩 읽어 주기도 한다. 저학년은 학생들을 자리 가운데로 모아서 읽어 주기도 하지만 보통은 그냥 앉은 자리 그대로 읽어 준다. 어떻게 읽더라도 학생들은 책 읽어 주는 것을 좋아해서, 금세 책에 푹 빠져서 듣는다.

책 읽어 줄 때 참사랑땀반 약속이 있다.

"책 읽어 줄까?" 하면 엄지손가락을 내밀며 "좋죠" 하고 대답하고는 영구 흉내를 내며 "띠리리리리리 띠리리리리리" 하고서 손뼉 치며 "아싸 아싸 아싸아싸" 하며 읽을 준비를 한다. 이 동작을 하는 까닭은 책 들을 준비 시간이 필요하기 때문이다. 함께 이런 동작을 하는 학생들이 재미있어 하기 때문이기도 하다.

책 돌려 읽기

책으로 할 수 있는 참사랑땀반 활동으로 '책 돌려 읽기'가 있다. 흔히 '독서 릴레이'라고 하는데, 그것보다는 우리말인 '책 돌려 읽기'가 더 좋다.

책 돌려 읽기 방법은 이러하다. 학급 구성원 모두가 책을 하나씩 구한다. 살 수도 있고, 집에 있는 책을 가져올 수도 있다. 자기 책을 정해진 기간, 보통 한 주 동안 읽는다. 그리고 나서 모두가 책을 돌린다. 보통은 다음 번호에게 내 책을 주고, 나는 앞 번호에게 받는다. 받은 책으로 또 읽는다. 이렇게 책을 받고 읽고 주고를 되풀이한다.

학교에서는 한 해를 보통 34주로 여긴다. 개학하고서 학급 분위기 세우는 데 한 달이 걸린다면 그 이후의 시간에 이런 활동을 할 수 있겠다. 책 돌려 읽기를 4월부터 시작한다면 서른 남짓인 학생들과 한 해 동안 할 수 있는 활동이다. 주마다 한 권, 한 해에 우리 반 학생들 수만큼 책을 읽을 수 있다는 계산이 나온다. 물론 계산만큼 다 꼼꼼하게 읽으면 좋지만 그건 욕심이다. 학생들은 자기들이 보기 좋은 건 잘 볼 것이고, 재미없는 건 볼 수 있는 만큼이라도 읽을 것이다.

책을 사거나 집에서 가져오거나, 시작하는 날(보통 금요일 오후 마지막 시간)에 책을 한자리에 다 모은다. 그러고서 칠판 앞에 책상을 놓고 책을 가지런히 쌓는다. 책 앞에는 학부모나 아이들이 가져온(그게 여의치 않다면 담임이 준비한) 떡과 과일을 놓는다. '책맞이고사'를 지내는 것이다.

 가장 먼저 잔을 올린다. 학급 임원이 잔에 가득 따르는 것은 학생들이 마시는 우유인데, 잔을 따르고서 학생들이 돌아가며 절을 한다. 종교나 믿음에 따라 절을 해도 좋고, 기도를 해도 좋고, 아무 것도 하지 않고 그냥 서 있어도 좋다. 절을 마치고서 따랐던 우유로 원하는 학생들은 '음복'을 한다. 이 정도만 해도 학급 분위기는 잔치 분위기로 신이 난다.

 이어서 고사에 준비한 글을 읽는다. 내가 읽기도 하지만 원하는 학생 중 목소리 큰 아이가 읽을 때가 더 신난다. 고사문은 학생들이 책을 읽을 때 가졌으면 하는 바람을 알아들을 수 있고 재미있게 담는다. 다 읽고서 태우기도 했는데, 불이라 위험해 요즘은 태우지 않고 그냥 내려놓는다. 마지막으로 신나는 노래를 부르고 음식을 나눠 먹는다. 교실에서 배웠던 노래를 함께 부르면 잔치 분위기가 달아오르게 된다. 그런 뒤에 상차림에 썼던 음식을 나눠 먹는데, 음식이 모자랄 수 있어 조금씩 간식을 준비하라고도 한다.

 그렇게 마치고 책을 다시 나눠 주며 다음과 같이 말한다.

 "자, 오늘 우리는 지금 가지고 온 책을 맞이하는 잔치를 했어요. 잔치로 신나게 즐겼는데, 지금 가진 좋은 마음으로 가지고 있는 책을 즐겁게 보면 좋겠어요. 그리고 한 해 동안 돌려가며 봐야 하니까 모든 책이 내 책이라는 생각으로 소중하게, 모두가 우리 책이라는 생각으로 조심하며 다뤘으면 해요. 그럼 한 주 동안 잘 보고, 다음 주 금요일에 책을 돌리도록 해요."

■ 참사랑땀반의 책맞이고사 축문

유 세 차!
0000년 0월 하고도 00날 천지신명께 아룁니다.
여기 참사랑땀반에 책 돌려 읽기를 시작합니다.
우리 아이들을 지켜 주시는 교육대장군님, 한반도의 평화와 통일을 기원하는 통일대장군님, 맑고 푸른 환경을 지켜 주시는 환경대장군님, 모두 내려오셔서 책 돌려 읽기가 아무탈없이 잘 될 수 있게 해 주십시오.
모든 일의 시작은 노는 것이라 했으니 앞으로 책 돌려 읽기를 할 때 부지런히 일하고 잘 놀게 해 주시고, 처음 보는 책이라 쑥스럽고 어색해서 책도 못 보게 하는 '책 못 보는 귀신', 다른 사람 다 책 읽었는데 혼자 못 읽었다고 부끄러워하는 '부끄러움 귀신', 책을 소중하게 여기지 않아 찢거나 잃어 버리는 '내 책도 아닌데 귀신', 돈을 벌려고 말도

안 되는 책으로 우리 아이들 꼬드기는 '책 같지 않은 책 파는 귀신' 모두 들어오지 못하게 막아 주시고, 아무쪼록 참사랑땀반 책 돌려 읽기가 잘 되어 우리 아이들 삶을 가꾸는 좋은 행사

가 되게 해 주시고,
그 흥겨움과 신명으로 집에서도 책을 잘 보게 해 주옵소서.
끝으로 건강이 제일 큰 복이라 했으니 여기 있는 모든 우리 아이들
몸 건강하게 하옵소서!

생일 책 선물

교실마다 생일잔치 하는 모습이 다르다. 생일잔치를 하는 날부터 다르다. 대부분 달에 한 번 날을 잡아서 하고, 어떤 반은 주마다 금요일에 한 주 마무리로 그 주에 생일인 친구들을 축하한다. 참사랑땀반 생일잔치는 아이들이 생일을 맞은 날에 한다. 이렇듯 다 다르지만 어떤 날이면 어떨까? 그렇게 하는 까닭이 있으니 다 가치가 있다. 달에 한 번 작은 학예회로 생일잔치를 하는 교실을 가끔 보는데, 정말 손이 많이 가는 일이기에 존경스런 마음까지 들곤 한다.

형식보다 중요한 것은 아이 생일을 축하하는 마음이다. 참사랑땀반은 생일 맞은 날, 노래와 생일 편지로 꾸민다. 수업을 모두 마칠 무렵, 생일 맞은 아이를 앞으로 불러낸다. 잔치나 놀이, 자연 체험같이 신나는 활동은 되도록 집에 가기 전에 한다. 아침에 했더니 아이들 마음이 하루 종일 붕 떠서 힘들었던 경험이 있어서다.

앞으로 나온 아이는 내 어깨에 손을 얹는다. 어깨에 닿을락 말락 얹고 있는 손이 많이 떨리는데, 아이 얼굴을 들여다보면 긴장해서 열에 아홉은 표정이 없을 지경이다. 내가 생일 축하 노래를 부른다. 보통은 '오늘같이 좋은 날'이라는 생일 축하곡을 부르지만, 가끔 아이들은 우

리 반에서 아침마다 부르는 노래에서 불러 달라고도 한다. 생일 축하하는 마음을 가득 담은 노래가 끝나면 나는 그 아이와 함께 교실을 한 바퀴 돈다.

돌 때는 아이에게 "○○야, 어떻게 돌래? 업어 줄까?" 묻는다. 그러면 남학생은 업어 달라는 아이가 많고, 여학생은 손잡고 돌자는 아이가 많다. 목에 태워 달라는 아이도 있었고 안고 돌아 달라는 아이도 있었다. 도리어 나를 업고 돌았던 6학년 아이도 있는데 가장 기억에 남는다. 이렇게 아이와 돌 때 다른 친구들은 '생일 축하합니다' 노래를 크게 부르며 친구에게 "생일 축하해" 한다. 짓궂은 아이들은 장난으로 엉덩이, 등을 때리고 양말을 벗기기도 한다.

이렇게 생일을 마치고 제자리로 돌아와서는 선물을 건네는데, 참사랑땀반에서는 선물로 생일책을 준다. 아침부터 돌려가며 친구들이 네임펜으로 쓴 축하 편지가 책 구석구석에 담겨 있다. 이렇게 생일 맞은 날에는 책 선물을 받게 하는데, 아이들은 친구들이 쓴 편지 내용을 무척 궁금해한다.

■ 생일 선물하기 좋은 책
- 저학년 : 〈낫짱이 간다〉(김송이, 보리), 〈쇠를 먹는 불가사리〉(정하섭, 길벗어린이), 〈강아지똥〉(권정생, 길벗어린이), 〈지각대장 존〉(존 버닝햄, 비룡소), 〈꿩〉(이오덕, 효리원)
- 고학년 : 〈몽실언니〉(권정생, 창비), 〈주먹만한 내 똥〉(한국글쓰기연구회, 보리), 〈꼭 같은 것보다 다 다른 것이 더 좋아〉(윤구병, 보리), 〈꿩〉(이오덕, 효리원)

전학 가는 학생에게 책 선물

살다 보면 이러저러한 까닭으로 학생들이 전학 가는 일이 생긴다. 전학 보낼 때는 온갖 마음이 함께한다. 그 가운데 가장 크게 드는 마음은 아쉬움이다. 선생만 그런 게 아니라 학생들도 마찬가지 마음이지 싶다.

전학을 보내는 방법도 학급마다 다르지만, 참사랑땀반은 전학 가는 친구를 위해 그림책을 준비한다. 그림책 앞뒤 구석구석에 네임펜을 이용해 전학 가는 친구에게 하고픈 말을 쓴다. 반 친구들이 돌아가며 편지를 쓰고, 학생들이 다 쓰면 담임인 나도 책에 마음을 담아 편지를 쓴다. 그리고 그 책을 선물한다. 책이 우리 마음을 담은 편지 노릇을 하는 셈이다.

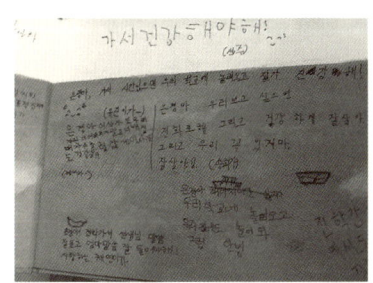

정성을 담은 학급문고

참사랑땀반에서는 학급문고를 다음과 같이 운영하고 있다.

첫째, 다양한 종류의 책으로 꾸리고 있다. 참사랑땀반 학급문고에는 그림책과 줄책이 반반으로 있다. 그리고 〈개똥이네 놀이터〉와 〈위인전집〉, 〈창비선집〉이 있으며 만화책도 있다. 학급문고를 다양하게 갖추면 학생들이 골라 보는 재미가 있다.

둘째, 책을 골라 꾸린다. 보통 교실을 옮기면 먼저 그 교실을 쓰던 선생님이 두고 간 책이 있는 경우가 많다. 먼지가 고스란히 쌓여 있을 때도 있다. 교실을 물려 받으면 먼저 그 책들을 정리한다. 책을 하나하나 살피며 우리 아이들이 볼 것과 보지 않을 것을 고른다. 볼 수 있는 책은 학급문고에 넣는다. 학급문고에 책이 많으면 좋지만, 많지 않더라도 담임이 보고서 괜찮은 책으로 꾸리면 좋다.

셋째, 학생들과 함께 꾸린다. 학급문고를 꾸리는 사람은 담임일 수밖에 없다. 그렇지만 책을 구해서 학급문고를 채울 때는 학생들의 의견을 물어서 학생들과 함께 꾸린다. 책 돌려 읽기 같은 학급 행사를 하고 나면 그 책도 학급문고에 넣는다. 선배들이 꾸린 책이 있으면 학급문고를 이어 받은 후배들도 망설이지 않고 자기들 책을 기증하는 문화가 생긴다.

넷째, 학생들이 관리한다. 참사랑땀반에는 여러 모둠이 있다. 모둠은 학급에서 하는 활동을 하나씩 맡아서 하는데, 그 가운데 책 모둠이 있다. 책 모둠은 학급문고 관리를 담당한다. 책이 좀 많은 편이라면 줄책 모둠과 그림책 모둠으로 나눠서 운영하고, 해당 모둠에서 독서 퀴즈를 내기도 한다.

독서 토론 차례

책 골라 읽기

우선 책을 잘 골라야 한다. 교사가 골라 학생들에게 읽어 주는 책은 아이들의 삶에 큰 영향을 미친다. 1학년 아이들과 살 때 가끔 아이들을 데리고 도서관에 가서 함께 책을 보곤 했다. 아이들에게 자기가 고른 책을 읽도록 했는데, 많은 아이들이 책을 고르고 나서 나에게 그 책을 보여주었다. "영근샘, 이거 영근샘이 읽어 준 거예요" 하면서. 자세히 들여다보니 많은 아이들이 내가 읽어 준 책을 찾아서 읽고 있다는 것을 알게 되었다. 아이들에게 선생님이 읽어 준 책은 도서관에 있는 그 많은 책에서 가장 눈에 띄고, 찾아서 읽고 싶은 책이라는 것을 알았다. 학생들에게 읽어 줄 책을 고를 때 더 신중해야 되겠구나 하고 느끼는 계기였다.

독서 토론을 하기 위해 책을 고른다면 책의 내용에서 찬성과 반대로 나눠지는 논제를 생각해 봐야 한다. 책에서 드러나는 가치에서 논제를 삼을 수 있다. 예를 들어 〈까마귀 소년〉은 왕따 문제, 〈지각대장 존〉은 학급 규칙으로 지각에 벌칙을 주는 문제 또는 학생의 거짓말 문제, 〈강아지 똥〉은 희생 또는 존재 가치의 문제들을 논제로 정할 수 있다. 책에 나오는 등장인물의 성격이나 행동을 논제로 삼아 토론할 수도 있다.

독서 토론을 하기 위해서는 학생들이 책 내용을 알아야 하는데, 그러기 위해서는 책을 읽어 주거나 읽을 수 있는 시간을 주어야 한다. 교실에는 서른 안팎의 학생들이 있으니 독서 토론을 위해 책 읽어 주기를 권한다. 줄책은 생각보다 긴 시간이 걸려서 날마다 10~20분씩 읽어도 한 달은 잡아야 한다. 그래서 독서 토론을 하기에는 그림책이 좋다. 그림책은 한 번에 읽을 수 있어 토론으로 넘어가기가 수월할 뿐더러 줄책 못지않게 깊이 있는 주제를 다루는 책들도 많다.

막상 책을 읽다 보면 논제를 잡기가 쉽지 않은 경우가 잦다. 그럴 때는 너무 토론에 얽매이지 말고 좋은 책을 자주 읽는다는 마음이 중요하다. 좋은 책이라면 토론하지 않고 읽어만 주어도 좋기 때문이다.

■ 추천 어린이 문학

아래의 책들은 이오덕 선생님 기준에 따라 정리해 골랐다.

- 어린이의 아픈 현실을 풀어 줄 수 있는 책 : 〈까마귀 소년〉, 〈틀려도 괜찮아〉, 〈꿩〉
- 일하는 즐거움을 느낄 수 있는 책 : 〈이슬이의 첫 심부름〉, 〈우리 순이 어디 가니?〉
- 아이들의 상상과 모험으로 즐거움을 주는 책 : 〈벽장속의 모험〉
- 어린이 마음을 잘 드러낸 책 : 〈점〉, 〈에드와르도〉, 〈지각대장 존〉
- 어린이다운 모습이 잘 담긴 책 : 〈고양이〉, 〈고양이는 나만 따라해〉

- 생명의 소중함을 담은 책 : 〈강아지똥〉, 〈거인 사냥꾼을 조심하세요〉, 〈비 오는 날 또 만나자〉
- 평화 : 〈세상에서 가장 아름다운 나의 마을〉, 〈히로시마〉, 〈전쟁〉
- 통일 : 〈몽실언니〉, 〈곰이와 오푼돌이 아저씨〉
- 신나고 노는 이야기를 담은 책 : 〈마법의 여름〉, 〈심심해서 그랬어〉
- 옛이야기를 우리말로 잘 이야기한 책 : 〈팥죽 할머니와 호랑이〉, 〈정신없는 도깨비〉

책 관련 생각 나누기

책을 읽으면 여러 생각이 든다. '내가 주인공이었다면 이렇게 했을 텐데, 나라면 이렇게 끝나게 했을 건데, 왜 그때 저렇게 했을까?, 나도 저런 경험이 있는데' 하는 생각을 갖는다. 이런 생각을 이야기로 나눈다. 자유로운 분위기에서 이야기 나누기를 권한다. 자기 생각을 편안하게 드러낼 수 있도록 한다.

이야기를 나눌 때는 크게 두 갈래로 이야기한다. 첫 번째는 책 내용으로 이야기를 나눈다. 책 속 주인공이 했던 행동, 일어난 사건, 사건이 일어난 곳 따위를 묻고 답하며 책 내용을 알고 있는지 확인한다. 묻고 답하는 형식은 단답형으로 한다. "주인공이 가장 먼저 간 곳은 어디였나요?", "그곳에서 무엇을 했죠?" 하는 물음에 아무나 편하게 대답하도록 한다.

두 번째는 책 내용이나 주제와 관련한 이야기를 묻는다. 책에 나오는 주인공이 겪은 일과 비슷한 경험을 한 적이 있는지, 이야기에 나오는 곳을 가 본 경험이 있는지 책에 나오는 이야기와 관련 있는 자기 경험으로 이야기를 나눈다. 책 내용을 이야기 나눌 때와는 달리 대답이 조금 긴 편이다. 자기 경험을 드러내기 때문에 설명이 필요한 경우가 많다.

이야기는 보통 책을 읽고서 바로 나눈다. 그럴 시간이 없다면 책을 읽고서 든 생각을 글로 쓰게 한다. 독서 감상문이라고 볼 수 있는데, 책을 읽으며 든 생각을 솔직하게 드러내도록 한다. 독서 감상문을 쓸 때는 파는 독서록 공책보다 일반 줄공책을 권한다. 파는 독서록 공책이 학생들에게 주는 부담은 무척 크다. 그냥 줄공책에, 단 몇 줄이라도 자기가 정말 하고픈 말을 쓰도록 하는 것이 좋다. 이렇게 쓴 글을 학급 누리집에 올리거나 문집으로 엮어 함께 볼 수 있도록 하면 더 좋다.

논제 만들어 토론하기

토론이 이뤄지려면 서로 부딪히는 쟁점이 있어야 한다. 앞에서도 말했듯이 책을 읽으며 쟁점 찾는 일이 쉽지가 않다. 그래서 이야기 나누기를 먼저 하는 것이 좋다. 이야기 나누기는 생각하는 힘을 키우기도 하지만, 그 과정에서 생각이 다른 쟁점이 드러나기도 하기 때문이다. 이야기를 하다 보면 학생들이 생각이 다를 때가 생긴다. 이때 서로 생각이 다른 것을 쟁점으로 가져올 수 있다. 이 쟁점을 토론 논제로 할 수 있다.

예를 들어, 박기범의 〈문제아〉를 읽고서 '주인공 창수가 문제아가 된 것은 누구 책임일까?'라는 물음을 던진다. 어떤 학생들은 '창수 본인의 책임'이라고 하고 어떤 학생들은 '주변 환경의 책임'이라고 말할 수 있다. '창수 본인의 책임'과 '주변 환경의 책임'으로 쟁점이 생긴 것이다. '창수가 문제아가 된 것은 본인 책임이다' 또는 '창수가 문제아가 된 것은 주변 환경의 책임이다'로 논제를 만들 수 있다.

논제를 확인하면 토론한다. 하지만 논제가 주어졌다고 해서 바로 토론할 수는 없다. 준비 시간을 주어야 한다. 보통 한 주 정도 준비 시간을 주는데, 준비 시간에는 다시 책을 읽으며 내용을 확인하고 관련 자료를 찾는다. 토론은 앞서 교실토론에서 살핀 것처럼 찬성과 반대를 모두 경험할 수 있도록 한다. 가장 흔히 쓰는 방법은 찬성과 반대를 바꿔 가며 두 번 이상 토론하는 방식이다.

토론 후 이야기 나누기

토론을 마쳤으면 또 이야기 나누는 시간을 갖는다. 토론 후 나누는 이야기는 토론 과정에서 느낀 점과 논제에 대해 느낀 점이다. 토론 과정에 참여하는 자신의 모습을 다시 돌아보는 시간으로, 이것은 교실토론 과정과 같다. 심판이 판정하는 요소(말, 태도, 논리, 협동 따위)를 기준 삼아 자기 스스로를 하나씩 살피고, 토론으로 논제에 대한 생각이나 자기 주장이 어떻게 변했는지 이야기를 나눈다. 이렇게 이야기하며 쓴 글도 학급 누리집이나 문집으로 엮을 수 있다.

■ 독서 토론 논제 만들기 표

① 책 제목 :

② 책 소개 :

③ 나눌 이야기
 - 책 내용 :

 - 관련 경험 :

④ 예상되는 논제와 의제

논제 :

의제 :

⑤ 독후 활동(생략 가능) :

■ 독서 토론 논제 만들기 예

① 책 제목 : 〈똥벼락〉(김회경, 사계절)

② 책 소개 : 돌쇠 아버지는 30년간 김부자네 집에서 머슴으로 열심히 일하였지만 욕심쟁이 김부자가 새경이라고 내놓은 것은 풀 한 포기 자라지 않은 돌밭이었어요. 그러나 돌쇠와 아버지는 낙심하지 않고 좋은 밭을 일구기 위해 거름을 만들려고 똥을 열심히 모았답니다. 도깨비의 도움으로 열심히 농사를 지어 돌쇠네는 많은 수확을 거두었어요. 그런데 욕심쟁이 김부자는 그것이 배가 아팠답니다. 결국 돌쇠네에게는 훌륭한 거름으로 변했던 똥이 김부자한테는 어떤 모양으로 되돌아올까요?

③ 나눌 이야기(토론에 앞서 책 내용에서 이야기 나눌 것)
- 책 내용
• 돌쇠 아버지는 김부자 집에서 머슴을 하고 새경으로 무엇을 받았나요?
• 돌쇠네는 밭에 넣을 거름이 없어 무엇을 모았나요?
• 돌쇠 아버지는 산 너머 잔칫집에 가서 똥이 누고 싶었을 때 어떻게 했나요?
• 돌쇠 아버지가 똥구멍을 꼭 오므린 채 집으로 오는 동작을 흉내 내어 보세요.
• 돌쇠 아버지가 참았다가 똥을 누는데 오줌이 누구 얼굴에 쏟아졌나요?
• 산도깨비는 돌쇠 아버지를 위해 주문을 외웠는데 뭐라고 말했나요?
• 똥거름 덕분에 어떤 농사가 잘 되었나요?
• 고구마를 캐는데 무엇이 딸려 나왔나요?
• 그 금가락지는 누구의 것이었나요?
• 김부자는 돌쇠 아버지에게 매질을 했는데 왜 그랬나요?
• 산도깨비는 김부자 욕심에 뭐라고 주문을 외웠나요?
• 김부자 머리 위에 쏟아진 똥에는 어떤 것이 있었나요?
- 관련 경험
• 옛날 화장실에서 똥을 눠 본 적이 있나요?
• 똥을 참아서 힘들었던 경험이 있나요?
• 산도깨비를 만나면 빌고 싶은 소원은 무엇인가요?
• 돌쇠 아버지처럼 다른 사람에게 억울하게 혼났거나 맞은 적이 있나요?
• 거름으로 농사 짓는 사람이 있나요?(텃밭이라도)

④ 예상되는 논제와 의제(논제 : 찬반 토론할 주제, 의제 : 토의 주제)

논제 :
- 수세식 화장실은 없애야 한다.
- 똥에서 주운 금가락지는 돌쇠 아버지의 것이다.
- 훔쳐간 똥으로 지은 농작물은 갚아야 한다.
- 수업 시간에 혼자서 화장실에 가는 것은 안 된다.

의제 :
- 우리 똥과 오줌이 환경 오염이 안 되기 위해서는 어떻게 해야 할까?
- 돌쇠 아버지에게 적당한 새경은?

⑤ 독후 활동(책 읽고서 이런 활동이 어떨까?)
- 똥 그림 잘 그리기
- 찰흙으로 똥 만들기

〈스갱 아저씨의 염소〉로 토론하기

책 읽기

알퐁스 도데가 쓴 〈스갱 아저씨의 염소〉(파랑새)는 책이 참 재미있다. 듣는 학생들이 쉽게 책에 푹 빠져드는데, 이렇게 학생들 마음을 움직일 수 있는 책을 고르는 게 독서 토론에서는 매우 중요하다. 또한 이 책은 독서 토론하기에 좋은 책이 다. 해마다 새로 만난 학생들과 독서 토론을 하는데, 학생들이 무척 좋아한다.

처음부터 이 책으로 토론할 생각을 갖고 있지는 않았다. 그냥 좋은 책으로 해마다 읽어 줄 뿐이었다. 편하게 읽어 주던 책이 독서 토론으로 발전한 것은 학생들의 이야기에서 자연스럽게 쟁점이 생겼기 때문이다.

책 내용을 간단히 소개하자면 다음과 같다.

스갱 아저씨는 아기 염소 블랑께뜨를 키운다. 그 전에 키우던 염소들이 모두 산으로 가 늑대에게 잡혀 먹혔기에 이번 블랑께뜨만은 그러지 않기를 바랐다. 처음에는 아저씨의 바람대로 산으로 가려는 모습을 보이지 않던 블랑께뜨가 어느 날 산으로 가고 싶어 한다. 스갱 아저씨는 우리에 가두지만 우리를 빠져 나온 블랑께뜨는 산으로 간다. 산에서 그동안 느껴 보지 못한 아름다움과 자유를 만끽하며 행복한 시간을 보낸다. 밤이 오자 스갱 아저씨가 자신을 찾는 소리를 듣지만, 블랑께뜨는 스갱 아저씨에게 가지 않고 산을 선택한다. 이윽고 늑대와 맞선 블랑께뜨는 힘껏 싸우지만 결국 늑대에게 잡아먹힌다.

생각 나누기

책을 읽고서 자기 생각을 글로 써 보게 하였다. 학생들의 글에는 산에서 늑대에게 잡아먹힌 블랑께뜨에 대한 평가가 많았는데, 많은 학생들이 블랑께뜨의 행동이 어리석다고 하였다. 늑대에게 잡아먹힐 줄 알면서 산으로 가고 집으로 돌아오지 않은 행동 때문이었다.

아기 염소 블랑께뜨가 너무 어리석다. 주인의 말을 들었으면 죽지도 않고 계속 오래 살 수 있었는데. 그리고 또 자신이 숲에서 놀고 싶다면 주인 스갱 아저씨와 같이 가서 산책하면 되는데 생각이 짧다.

— 김소연(6학년)

나는 블랑께뜨가 왜 산으로 갔는지 모르겠다. 블랑께뜨가 스갱 아저씨네 계속 있었으면 안전하게 잘 살 수 있었을 텐데. 난 너무 욕심을 부리지 말아야겠다고 생각했다.

- 최희윤(6학년)

블랑께뜨가 마지막에 허무하게 죽은 것을 보고 어이가 없었다. 자신의 분수에 맞게 생활해야 한다는 걸 느꼈다.

- 유동훈(6학년)

소연이는 주인의 말을 듣지 않아 죽었다며 블랑께뜨가 어리석다고 하였다. 희윤이는 블랑께뜨가 안전하게 살 수 있었는데 욕심을 부렸다고 했고, 동훈이도 블랑께뜨가 죽은 것을 보며 분수에 맞는 생활을 해야 한다고 하였다. 대체로 이런 반응이 많았다. 그런데 이런 글과 전혀 다른 생각을 가진 글도 보였다.

난 왠지 블랑께뜨의 행동을 이해할 수도 있을 것 같다. 솔직히 우리 안에 갇혀 있으면 답답할 것이다. 지금 우리들도 그런 것처럼. 우리도 공부라는 '우리' 안에 갇혀 있으니까. 마지막에 블랑께뜨가 늑대에게 죽음을 당하는 것은 비참하지만 조금이라도 자유를 느끼고 싶었던 행동을 이해할 수 있을 것 같다.

- 정상벽(6학년)

난 이 책을 읽고 자유를 원하던 블랑께뜨의 마음을 알기도 할 것 같다. 아마도 답답한 곳에서 있으면 나도 그랬을 것이다.

- 주진(6학년)

가두려 하지 말고 자유롭게 살아야 한다.

- 김태연(6학년)

　상벽이는 공부라는 우리에 갇혀 있는 처지가 블랑께뜨와 같다면서 자유를 바라던 행동을 이해할 수 있다고 하였다. 진이는 답답한 곳에 있으면 자신도 블랑께뜨처럼 했을 것이라고 했고, 태연이는 짧은 글에 가두지 말고 자유롭게 살아야 한다고 말했다. 단호함이 묻어난다. 이렇게 블랑께뜨가 자유를 찾아 죽음을 선택한 것을 이해하는 학생들도 있었다.

쟁점으로 논제 만들기

　소연, 희윤, 동훈이와 같은 생각을 하는 학생들은 스갱 아저씨의 염소 블랑께뜨가 '어리석다'고 한다. 반면, 상벽, 진이, 태연이는 블랑께뜨가 자유롭게 살고 싶은 것을 이해하여 블랑께뜨의 선택을 '용기 있다'고 보고 있다. 이렇게 블랑께뜨의 선택에 대해 '어리석다'와 '용기 있다'로 갈렸다. 그래서 논제로 '블랑께뜨의 행동은 어리석다(용기 있다)'로 정하였다.

　이 책에서는 이야기 중간에 쟁점이 보이기도 한다. 블랑께뜨가 산에서 자유를 만끽하다가 밤이 깊어갈 때 스갱 아저씨가 찾는 소리가 들린다. 이때 블랑께뜨는 어떤 선택을 하는 것이 좋을까? '스갱 아저씨에게 가야 한다'와 '산에 있어야 한다'로 선택이 갈릴 수 있다. 이렇듯 책 속 등장인물의 행동에서도 쟁점이 드러나는 경우가 있는데, 그것을 논제로 삼을 수도 있다.

토론하기

학생들 사이에 치열한 토론이 펼쳐졌다. 학생들이 토론에 푹 빠져 참가하였는데 찬성과 반대, 양쪽을 모두 경험한다. 앞서 블랑께뜨가 욕심을 부렸다고 말했던 희윤이가 토론에서 찬성과 반대 양쪽에서 주장한 내용은 아래와 같다.

난 블랑께뜨가 어리석다고 생각한다. 블랑께뜨가 집을 나간 것은 잘했다고 치자. 놀고 집으로 들어왔으면 별 문제 없었을 것이다. 그렇지만 놀다가 시간이 지나는 것도 모른 채 늑대를 만나 죽음을 맞았다. 스갱 아저씨는 블랑께뜨에게 늑대가 위험하다고 계속 말해 주었다. 그걸 무시하고 죽은 블랑께뜨는 어리석다. 블랑께뜨는 스갱 아저씨에게 소중한 존재다. 스갱 아저씨는 염소를 길들여서 다른 염소들처럼 죽거나 하지 않게 하고 싶어서 길들이기 쉬운 어린 염소를 산 것이다. 스갱 아저씨는 염소와 더 오래 있고 싶어 했고, 사랑을 듬뿍 주었는데 블랑께뜨가 나간 건 정말 어리석다고 생각한다.

블랑께뜨도 자신만의 삶이 있다. 하지만 스갱 아저씨에게 팔려서 스갱 아저씨의 집으로 들어갔다. 블랑께뜨도 자신만의 삶을 살 수 있다. 그리고 그러고 싶어 했다. 그냥 스갱 아저씨에 대한 보답만으로, 그리고 보장된 안전만으로 평생 스갱 아저씨의 집에서 살라는 사람은 블랑께뜨의 생각은 무시해 버려도 된다는 것인가? 블랑께뜨는 자기 삶의 주인이다. 그러므로 블랑께뜨의 주인은 스갱 아저씨가 아니라 블랑께뜨 자신이다. 블랑께뜨의 집은 자연이다. 자기의 집에서 살고 싶어 하는 것은 당연한 것이다. 블랑께뜨는 위험이 있는 것을 알았고, 그래도 자연으로 가는 것을 택했다. 위험을 감수하고서라도 말이다. 블랑께뜨는 죽는 순간에도 보람을 느꼈다. 블랑께뜨가 자신의 삶에 대해 보람을 느꼈으니 헛되이 산 것이라고 할 수 없다. 블랑께뜨는 보람 있는 삶을 산 것이다.

토론 후 이야기 나누기

토론을 마치며 토론에서 느낀 점을 이야기 나누었다. 토론 진행 과정에서 느낀 점과 스갱 아저씨의 염소의 행동에서 자신의 생각을 학급누리집에 글로 나타내도록 하였더니, 다음과 같은 댓글들을 올렸다.

♥ Only 수지Suzy ♥ 준호 (2012-09-21 10:52:23)
나는 삶을 포기한 블랑게뜨가 처음에는 어리석은줄만 알았다. 하지만 토론을 하니까 친구들이 묻고 답함에 마음이 흔들리다 결국 용감했다로 입장을 바꿨다. 토론은 참 좋은것 같다.

성준입니다. (2012-09-21 10:53:13)
우선 자료의 준비성을 알았다. 자료가 없이 발표하니 자료가 없다며 지적을 할때 아무 말을 할 수가 없었다. 또한 토론이 어려움에서 재미로 바뀌었다.
이 토론은 내가 했던 토론 중에 제일 재미있었다. 왜냐하면 굉장히 치열했기 때문이다. 앞으로 나는 반론도 열심히 하며 토론에 참여 할 것을 약속한다.

신혁 (2012-09-21 10:54:24)
나는 이번토론이 끝나고도 용감하다는 생각으로 달라지지 않았다.
왜냐하면 처음에 가만히 있었으면 우리안에서 먹으면서 자유를 느낄 수 있었고 의미있게 살 수 있었기 때문이다. 그리고 토론을 할 때 이번에는 준비를 잘해서 선생님께 혼나지 않고 재미있게 토론을 할 수 잇었다.
다음에도 동물에 대해서 토론을 하고싶다.

조유빈 (2012-09-21 10:55:31)
난 토론하기 전에 블랑게뜨가 산으로 간 행동이 어리석은 것갔았는데 토론하고 나서 내 생각에는 블랑께뜨가 산으로 간 용기있는 행동인것같다.
왜냐하면 블랑께뜨가 자신이 원하는 인 '자유'를 위해 목숨을 버리고 간 것이 어리석은 것아니라 용기있는 행동이기 때문이다.

〈돼지책〉으로 토의하기

책 읽으며 이야기 나누기

두 번째 사례는 책 읽고 토의한 이야기다. 많이 알려진 앤서니 브라운의 〈돼지책〉(웅진주니어)을 학생들에게 읽어 주었다. 그림책이라 읽어 주기에 좋다. 이 책을 읽을 때는 그림을 함께 볼 필요가 있는데, 그림과 함께 이야기가 진행되면서 〈돼지책〉이라고 이름 지은 까닭을 알 수  있기 때문이다. 그림책 한 장 한 장을 카메라로 찍거나 스캔해서 텔레비전으로 보여주면서 읽어 주었다.

피곳 씨의 두 아들 사이먼과 패트릭은 아주 중요한 회사와 학교에 가기 위해 집에서는 아무 일도 하지 않는다. 반면, 어머니 피곳 부인은 설거지, 침대 정리, 바닥 청소를 하고서야 회사에 간다. 회사와 학교에 다녀

와서도 피곳 씨와 사이먼과 패트릭은 빨리 밥을 달라며 저녁마다 외친다. 피곳 부인은 설거지, 빨래, 다림질을 한다.

우선 여기까지 읽고 이 책에 드러난 문제점을 이야기 나누었다. 책에 드러난 여러 사실을 하나하나 확인한다. 모두가 어머니와 피곳 씨, 그리고 두 아들이 하는 일이 다르다는 사실을 찾는다. 그러며 화를 내는 학생도 있다.

"여러분 집은 어떤가요? 여러분 집에서 어머니와 아버지, 그리고 여러분이 나눠서 일하는 정도는 어떤가요? 토론 공책에 글로 써 보세요" 하며 나부터 우리 집 이야기를 한다.

"우리 집은 나와 부인이 선생인데, 집안일은 부인이 거의 다 하는 것 같아요. 난 가끔 돕는 정도. 아들, 딸인 희문이와 수민이도 나처럼 돕는 정도인 것 같고. 그러니 우리 집은 집안일이 한 사람에게 많이 쏠리는 것 같아요."

책에서 드러난 문제가 우리 삶의 문제로 내려앉았다. 학생들은 자기 집 이야기를 글로 써서 자유롭게 발표한다. 학생들 이야기를 들어 보면 〈돼지책〉과 달리, 요즘은 많은 집에서 집안일을 나눠서 한단다.

문제 상황 알아보기

어느 날 저녁에 피곳 씨와 아이들이 돌아와도 반겨 주는 사람이 없다. 피곳 부인은 어디에도 없다. 벽난로 선반 위에 봉투가 있고, 봉투에는 종이 한 장이 들어 있다.

'너희들은 돼지야.'

'너희들은 돼지야' 대목에서 아이들은 피곳 부인의 마음을 담아서 모두가 함께 큰 소리로 외친다. 피곳 부인이 집을 나갔다. 말도 없이 나갔다.
"피곳 부인은 왜 나갔을까요?"
"피곳 부인이 나가고서 피곳 씨와 아이들의 생활은 어떠할까요?"

문제의 심각성 느끼기

그날부터 피곳 씨와 아이들은 손수 저녁밥, 아침밥을 지어야 했다. 시간이 많이 걸렸다. 정말 끔찍했다. 피곳 부인이 며칠을 돌아오지 않자 설거지, 빨래도 하지 않아 집은 엉망이 되었다. 피곳 씨와 아이들은 서로 화를 내고 어느 날 밤에는 먹을 게 없어 씩씩거리며 먹을 것을 찾는다.

피곳 부인이 없는 집에서 피곳 씨와 아이들의 모습이 그림으로 잘 드러난다. 설거지는 쌓이고 옷은 더러워진다. 그 모습을 피곳 씨와 아이들이 돼지로 변한 모습으로 그렸다.
"자, 피곳 부인이 없으니 어떤 일이 생겼나요?"
"여러분 집에 어머니가 안 계시면 어떤 일이 생길 것 같나요?"

해결 방법 찾기

그때 피곳 부인이 왔다. 피곳 씨와 아이들은 "제발, 돌아와 주세요" 하며 바란다.

피곳 부인이 돌아오자, 피곳 씨와 아이들은 돌아와 달라고 부탁한다. "자, 피곳 씨와 아이들이 앞으로 어떻게 하면 피곳 부인이 행복하게 살며 다시는 집을 나가지 않을까요? 내가 할 수 있는 것으로 생각해 보세요."

교실토의 형식을 빌어 진행하였다. 교실토의는 보통 모든 학생들이 의견을 다 내놓고서 하나를 결정하는 방식으로 진행한다. 그러나 이번 토의는 하나를 결정하는 형식이 아니라 그냥 자기가 할 수 있는 해결 방안을 내놓게 하였다. 학생들이 우리 집에서 내가 할 수 있는 집안일을 발표하였다. 발표 내용을 하나하나 기록하였다.

민식 빨래 같은 거 식구가 번갈아 가며 일을 하자.
호진 가위바위보로 모든 일을 정하자.
지훈 남자는 설거지, 여자는 빨래 같이 반으로 나눠서 하자.
준호 달마다 회의를 해서 역할을 나누자.
예찬 자기 방, 이불 개기같이 내가 할 수 있는 일을 하자.
지우 역할을 나눠서 하자. 나는 쓰레기 분리수거.
미주 집에 구역을 나눠 식구가 맡아서 하자.
하늘 집안일에서 자신이 할 수 있는 일을 하자. 책상 정리.

대현 어머니에게 이틀 쉬는 날을 주자.

태영 일주일에 이틀 어머니에게 휴가를 주자.

병현 회의-다수결로 역할을 나누자.

성욱 집에 칠판을 두고 메모를 하며 일을 나누자.

태희 일주일에 집안일 하는 날을 정해 함께 하자.

유빈 각자 일을 나눠 맡아서 하자.

우진 달마다 돌아가며 일을 하자.

화영 주말에 특별한 날을 정해 역할을 바꿔서 하자.

인호 청소하는 날을 정해 대청소를 함께 한다.

선영 할 일을 정해서 내가 할 수 있는 신발 정리 같은 것을 한다.

문경 어머니 쉬는 날을 둔다.

지민 하루씩 돌아가며 일을 한다.

다빈 짝수와 홀수로 날을 정해 돌아가며 한다.

성준 설거지, 짐 나르기 같은 일을 한다.

유진 제비뽑기로 일을 정한다.

해린 요리, 설거지 같은 일을 돕는다.

신혁 자기가 할 수 있는 일은 자기가 한다. 빨래.

성건 목, 금은 집안 청소를 내가 한다.

경현 돌림판으로 돌려 역할을 나눈다.

유찬 달마다 한 번 역할을 바꿔서 한다.

미성 사다리 타기로 역할을 정한다.

내면화하기

"그래요. 여러분이 정한 방법이 참 많네요. 자기가 발표한 것을 실천할 수 있으면 좋겠어요. 내가 말한 것보다 더 좋은 의견이 여기에 있다면 그것을 실천해 보세요."

"그럼 피곳 씨와 아이들은 어떤 일을 하는지 볼게요."

피곳 씨는 설거지, 다림질을 한다. 패트릭과 사이먼은 침대를 정리했다. 피곳 씨와 아이들은 요리하는 것을 도왔다. 엄마도 행복했다.

"피곳 부인처럼 여러분이 할 수 있는 작은 것이 우리 어머니를 행복하게 해 드릴 수 있으면 좋겠어요."

9강

교사 일기

토론을 하고 일기를 쓴다.
어디서 기다려야 할지, 맞게 가고 있는지 가늠할 수 있다.

논리, 아이들에게 참 힘든 거구나

2013년 4월 9일

　한 달 동안 5학년 아이들과 토론의 기초 다지기를 하였다. 아이들이 익히는 토론의 기초는 크게 두 가지다. 하나는 토론의 요소로, 주장(입론)과 교차질의 또는 교차조사를 익혔다. 물론 주장하는 글(입론)을 어떻게 쓰는지, 질문은 어떻게 하는지를 제대로 알려면 오랜 시간이 걸리겠지만, 토론이 이런 요소로 이루어진다는 정도는 알게 되었다. 또 다른 하나는 토론 형식이다. 1 : 1 토론, 2 : 2 토론, 전체 토론의 형식을 익혔다. 형식에 맞게 찬성과 반대를 오가고 정해진 시간에 맞춰 토론하는 것을 연습하였다.

　논제를 분석하며 주장하는 글 찾기도 공부하였다. 아이들과 칠판에 쓰며 함께 기초를 다졌다. '기념일' 논제로 4단 논법 절차(주장, 근거, 설명 자료, 정리 순)를 따라가며 근거를 찾았다. 설명 자료를 찾아 주장하는 글도 썼다. '일기, 스마트폰' 논제는 생각그물로 근거를 찾아 보았다.

생각그물 작은 가지에서 설명 자료도 얻을 수 있었는데, 이런 과정을 거치며 자기 경험을 바탕으로 글을 쓰도록 하였다.

다음은 우리 아이들이 함께 자료를 찾으며 쓴 주장하는 글이다.

> 기념일을 해야 한다고 생각합니다. 예전에 친구가 기념일에 저에게 선물을 줘서 더 친한 친구가 된 적이 있습니다. 서로의 기념일을 챙기고 친한 친구가 되면 더욱 기분이 좋아질 것입니다. 또 모두에게 골고루 선물을 주면 공평해지므로 속상한 친구들도 사라질 것입니다.
>
> – 권유민(5학년)

> 기념일은 할 필요가 없다고 생각합니다. 왜냐하면 못 받는 사람은 속상하기 때문입니다. 예를 들겠습니다. 제가 4학년 때 초콜릿을 못 받은 친구의 표정이 속상한 표정이었기 때문에 저는 교실에서 기념일은 하지 말아야 된다고 생각합니다.
>
> – 김진솔(5학년)

> 저는 일기는 날마다 써야 한다고 생각합니다. 일기의 뜻은 날마다 쓰는 삶의 기록입니다. 왜 날마다 써야 하는지를 설명하겠습니다. 일기를 쓰면 기록이 남아 기억하기 쉽습니다. 실제로 제가 친구랑 채팅하던 중 친구가 "넌 2학년 때 무슨 쌤이었어?" 하고 물었는데 까먹었던 저는 일기를 찾아서 알고 "○○○쌤. 남자쌤인데 되게 무서웠어" 대답할 수 있었습니다. 그러므로 저는 일기를 날마다 써야 한다고 생각합니다.
>
> – 김은진(5학년)

제가 왜 일기를 날마다 안 써도 되는지 그 까닭을 말씀드리겠습니다. 제가 학원을 몇 개 다니는데 학원 숙제가 많아 학원 숙제, 문제집, 독서록 등을 하다 보면 시간이 엄청 빠르게 갑니다. 그런데 일기를 생각하는 시간 30분, 쓰는 것 30분, 이렇게 되면 나머지 숙제들을 할 시간이 부족해 나머지 숙제들을 못합니다. 그러므로 저는 일기를 날마다 쓰지 않아도 된다고 생각합니다.

- 김다현(5학년)

네 개의 글은 모두 수업 시간에 만든 근거를 바탕으로 썼다. 그리고 그 까닭(설명 자료)을 자기 경험을 떠올려 쓴 글이다. 물론 자세하게 드러나지는 않지만 힘들어하지 않고 글로 쓰는 것을 보고, 조금 더 나아가 보자는 생각이 들었다.

"주장을 받쳐 주는 근거를 지금까지는 여러분 경험에서 찾았는데, 이제 참고 자료로 찾아보세요. 참고 자료에는 어떤 것들이 있을까요?"

"책이나 신문이요."

"그래요. 신문 기사를 찾거나 책에서 찾아보도록 하세요. 부모님에게 여쭤 보는 것도 좋아요."

그러고서 주말을 포함해 며칠이 지났다. 아이들이 써 온 글은 다음과 같았다.

'일기는 날마다 쓰는 삶의 기록'이라고 합니다. 2005년 1월 5일 15시 08분 소년한국일보에 따르면 일기를 계속 쓰면 글쓰기 실력이 늘어나고, 일기를 쓰면서 그날에 있었던 일을 반성하게 된다고 합니다. 또한 어렸을 때의 일을 일기를 통해서 생생하게 살려 볼 수 있다고 합니다. 그래서 일기를 날마다 써야 된다고 생각합니다.

- 김나현(5학년)

일기는 날마다 써야 한다고 생각합니다. 일기를 쓰면 좋은 점 1. 국어 실력이 좋아진다, 2. 단어 실력이 늘어난다, 3. 생각하는 힘이 발달한다, 4. 날카로운 관찰력이 키워진다. 제 경험으로 예를 들어 보겠습니다. 4학년 때 일입니다. 그때 일기를 날마다 써서 그때 있었던 일을 일기를 통해서 내가 했던 생활을 기억할 수 있기 때문입니다. 그래서 일기는 날마다 써야 한다고 생각합니다.

- 백지은(5학년)

일기를 날마다 쓰지 않아도 된다고 생각합니다. 왜냐하면 특별히 쓸 게 없어 계속 생각하다 보면 일기 쓰기가 더욱 더 싫어지고 스트레스가 쌓이기 때문입니다. 그리고 학교와 학원 숙제 때문에 편안하게 쉴 시간도 없습니다. 그런데 그 짧은 시간 동안 일기까지 쓰려면 시간이 부족합니다. 그리고 없는 시간을 내서 좋은 글감을 찾는 일이 쉽지도 않고 귀찮기도 합니다. 따라서 일기를 날마다 쓰지 않아도 된다고 생각합니다.

- 박유석(5학년)

나현이는 어린이 신문을 참고했다. 그런데 일기를 날마다 써야 한다는 근거가 글쓰기 실력이 늘어난다, 반성할 수 있다, 어릴 때 기억을 할 수 있다 중에서 무엇인지 알 수 없었다. 신문 기사도 설명 자료라 볼 수 없고, 근거에 더 가깝다. 아직 근거와 설명 자료의 구분을 제대로 하지 못하고 있는 것이다.

지은이의 글 역시 근거와 설명을 잘 구분하지 못한다. 근거로 자기주장을 펼쳤는데, 학생들에게서 흔히 볼 수 있는 글이다. 근거를 네 개나 가져왔는 데다 말이 어렵다. 자기 글이 아닌 것이다. 자신의 경험은 앞에서 드러낸 네 가지 근거와 연결이 되지 않는다.

유석이 글도 마찬가지다. 일기가 싫어지고, 스트레스가 쌓이고, 쉴 시간이 없고, 글감 찾기가 귀찮다는 근거만 연결하였다.

다음의 민성이 글은 자기가 생각하는 근거가 없다.

> 일기를 날마다 쓰면 좋지 않다고 생각합니다. 왜냐하면 뉴사이언스닷컴을 보면 일기 쓰기가 해롭다고 합니다. 연구 결과 글래스오칸 레도니안 대학의 엘라인 던컨이 지난 수요일 영국 심리학회에서 발표한 바, 일기를 정기적으로 쓰는 사람의 정신 건강이 훨씬 나빠졌다고 합니다. 그리고 던컨이 또 실험을 하였는데 예상 외에 결과가 나왔다고 합니다. 사람들은 일기 쓰기가 자신에게 유익하다고 믿지만 실은 정반대일 가능성이 현저히 높다고 합니다. 그러므로 일기를 날마다 쓰는 것에 반대합니다.
>
> - 김민성(5학년)

뉴사이언스닷컴에서 말한 주장을 근거로 그대로 가져 왔다. 그리고 그 결과를 설명 자료로 들었다. 글 속에서 글 쓴 사람, 민성이가 전혀 드러나지 않았는데, 이것은 아주 잘못된 글쓰기로 그냥 자기 경험으로 쓸 때보다 더 나쁜 글이 되고 말았다.

안녕하십니까? 저는 일기를 날마다 써야 한다에 찬성합니다. 일기는 날마다 쓰는 삶의 기록이라고 합니다. 왜냐하면 일기를 쓰면 그날 했던 일을 기억할 수 있습니다. 그리고 2007년 8월 23일자를 보면 '초등학생 1학년짜리 아들을 둔 주부는 요즘 일기를 지도한다고 한다. 그리고 아들은 쓸 게 없다며 핑계를 댄다'고 나와 있습니다. 나는 평범한 것이어도, 일기는 써야 한다고 생각합니다.

- 양현서(5학년)

일기는 날마다 안 써도 된다고 생각합니다. 왜냐하면 일기를 쓰면 커서 추억을 남길 수 있습니다. 추억을 남기면 커서 많이 보면 뿌듯할 것 같기도 합니다. 예를 들어 내가 축구대회에서 우승해서 커서까지 트로피를 갖고 있으면 뿌듯합니다. 그래도 일기 말고 사진 등 다른 걸로 남겨도 됩니다. 2007년 8월 23일자 뉴스를 보면 아이가 일기가 쓸 게 없으면 툴툴대면서 엄마한테 짜증을 내면서 화풀이를 합니다. 이렇게 엄마랑 싸우느니 추억보다 모자 사이나 가족 사이가 좋아야 한다고 생각합니다.

- 박준환(5학년)

현서와 준환이의 글은 주장의 근거와 전혀 맞지 않은 신문 기사를 가져왔다. 근거는 삶의 기록이라면서, 신문 기사는 글감을 찾지 못하는 아이 이야기를 들었다. 또한 찬성편의 자료로도 어울리지 않는다. 준환이의 글도 마찬가지다. 근거와 관련 뉴스가 전혀 어울리지 않는다. 준환이 글에서는 안 써도 된다는 반대편의 근거로서 추억을 남길 수 있다는 것부터가 맞지 않는다.

이 모든 것이 아직 5학년이라는 발달 단계를 고려하지 않은 성급함 탓이다. 한 달 동안 근거와 설명 자료를 공부했지만, 아직 그걸 그대로 받아들이기 힘든 게다. 내 탓이다. 다시 조금씩 아주 천천히 가야 한다. 경험으로, 삶에서 주장을 말하도록 논제를 선정하고 주장과 근거를 찾도록 해야 한다. 토론이 재미있다고 하는 아이들이다. 성급하고 무리한 요구로 아이들을 힘들게 해서는 안 된다. 토론을 싫어하지 않도록 주의해야겠다. 내가 욕심 내면 아이들을 망친다. 천천히 가야 한다, 뚜벅뚜벅.

'친구의 잘못을 선생님에게 일러야 한다'는 논제로 토론하기

2013년 6월 13일

도덕 시간에 '친구의 잘못을 선생님에게 일러야 한다'는 논제로 토론했다. 점심시간에 공원에서 여덟 아이들과 술래잡기를 하며 놀고 들어오는데 "선생님, 1 : 1 토론해요?", "선생님, 전체 토론하죠?" 하며 계속 묻는다. "자, 기대하렴. 뭘로 할지" 뜸을 들이며 교실로 돌아왔다.

"오늘은 2 : 2 토론으로 할게요. 이렇게 편을 해요. 모둠에서 앞뒤로 앉은 사람이 한편으로 찬성과 반대를 나누고, 모둠에서 따로 떨어져 다른 모둠과 앉는 사람(참고로 참사랑땀반은 다섯 명이 한 모둠이다)이 심판을 볼 거예요. 그럼 자리를 옮겨 볼게요."

그러면서 칠판에 토론의 흐름(형식)을 썼다.

찬성	반대
주장 1(1분)	주장 1(1분)
전원교차질의(2분)	
찬성 주장 2(1분)	반대 주장 2(1분)
전원교차질의(2분)	
전원교차질의	

 이렇게 한 판에 8분이 되도록 설계하고, 심판에게는 판정의 관점을 칠판에 쓰도록 하였다. '협동, 태도(자세, 메모), 말, 논리'를 썼다. 협동이나 자세, 메모는 토론에 참가하는 아이들을 독려하기 위한 항목이다. "자, 심판들은 토론자들이 메모하면서 참가하는지도 보세요" 하니 토론 참가자들이 메모하면서 듣는다. "지금은 토론 준비 시간인데 옆 사람과 이야기를 나누지 않으면 협동이 안 되는 거죠?" 하니 또 금세 둘이 이야기를 나눈다. 그런데 아이들이 논리를 조금 힘들어하였다. 나는 이렇게 이야기를 도왔다.

 "논리는 그러니까 말의 앞뒤가 맞아야 해요. 예를 들어, 기념일로 토론하는데 기념일을 해야 한다고 찬성하는 사람이 이렇게 말을 해요. '기념일을 해야 합니다. 왜냐하면 몸에 좋기 때문입니다'. 이상하지요? 또는 이렇게, '기념일을 하지 말아야 합니다. 왜냐하면 기념일에 선물을 받지 못하는 친구들은 마음이 상할 수 있습니다'. 여기까지는 좋아요. 그런데 '예를 들어, 4학년 때 급식을 먹는데 친구가 저에게만 맛난 걸 적게 줘서……' 하면 이상하잖아요. 이렇게 앞뒤가 맞지 않으면 안 돼요. 그런 걸 논리라고 해요."

 토론 준비가 다 되었다. 수학여행을 다녀오고 연이어 쉬는 날이 이어진 탓에 오래 토론을 못 했더니 학생들이 기다렸는지 태도가 참 좋다.

토론하는 모습을 보며 다니는데 웃음이 절로 난다. 진지하면서도 서로 묻고 답하는 모습을 보노라니 마음이 흐뭇하다. 전체 토론이나 다른 발표 때는 손 한 번 들지 않던 아이들도 모두가 자기주장을 펴고, 묻고 답하기를 한다. 물론 주장하는 말이나 묻고 답하는 수준까지는 제대로 가름할 수 없다. 아마 깊지는 않겠지만 그러면 어떤가? 하루 중에 이렇게 열심히 듣고 말하고 쓰는 시간이 없다.

토론 참가자만 그런 게 아니다. 토론을 보는 심판도 목을 내밀며 발표를 듣는다. 특히, 1번 토론자는 심판과 거리가 꽤 있는 편인데도 심판이 그 이야기를 들으려고 애쓴다. 그러며 자기들 나름의 평가 점수를 썼다. 평가 판정 양식지는 따로 없어 자기 나름대로 하였다.

"자, 첫 판 마칠게요. 그럼 심판은 누가 이겼는지 준비하고, 토론한 사람은 '토론을 마치며' 글을 써 주세요."

잠시 시간을 가진 뒤, 돌아가며 누가 이겼는지 말하였다. 심판은 판정에 그 까닭을 덧붙이고, 그렇게 여섯 모둠 발표를 마치고 둘째 판으로 이어졌다. 찬성과 반대 역할을 바꿔 바로 토론하려는데, 심판이 자기도 토론에 참가하고픈 모습이었다.

"그럼 이번에는 심판이 토론할 수 있도록 해볼게요. 진 편에서 한 명이 심판과 자리를 바꿔 심판을 보고, 심판은 진 편에 들어와 토론에 참가하세요."

그렇게 열띤 토론을 하고서, 판정도 했다.

"자, 지금 심판의 판정에 이긴 사람은 기분이 좋을 거고 진 사람은 아쉬움이 있을 건데, 우리 토론 자주 하잖아요. 이기기 위해서 토론하지만 더 큰 목적은 내가 제대로 성장하는 거죠. 심판이 말한 좋은 점은 다음 토론에서도 이어가고, 심판이 조금 모자라다고 말한 것은 다음 토론에서 그걸 신경 쓰면서 해서 더 좋게 하는 거예요. 다들 애썼고, 다음 토론을 기대해요. 오늘 모두 애썼으니 우리 손뼉 치며 마쳐요."

이렇게 토론을 마치고 이야기 나누는 시간을 좀 더 가졌다.

"자, 그럼 이어서 이야기를 조금 더 나눌게요. 이번에는 가운데를 보고서 책상을 돌릴게요."

책상을 돌려 원이 여럿 겹치게 앉았다.

"자, 친구의 잘못으로 토론했는데, 그걸 정리하려고 해요. 친구가 잘못했을 때, 이렇게 하는 게 좋겠다는 이야기를 짤막하게 말하도록 해요. 모두가 하면 좋겠고요, 다른 사람이 말한 내용과 같으면 그 내용을 그대로 말해도 좋아요."

한 명씩 돌아가며 말하였다.

'한두 번은 이해하다가 계속 되면 선생님에게 말하자.'

'잘못의 크기에 따라 다르다.'

'선생님에게 바로 말해 친구가 잘못을 알도록 해야 한다.'

'처음에는 말로 해보고, 두 번째는 서로 역할을 바꿔 생각해 보자.'

'먼저 회장 같은 임원들의 도움을 받자.'

이러며 계속 이야기가 이어졌는데, 하나로 정하지 않았다. 이런 일은 하나로 정할 게 아니다 싶었다. 개인의 판단 문제이니 하나의 정답이 없는 것 같다고 본 것이다. 토론하고 나면 이야기를 나누며 토론을 자기 것으로 만드는 것이 꼭 필요한 것 같다.

토론이 삶으로 이어지도록

2013년 6월 17일

"자, 지난주에 우리가 친구 잘못으로 토론을 했잖아요. 선생님에게 이를 것인지, 그러지 않을 것인지."

지난주 했던 토론이라 학생들이 관심을 보였다.

"요즘도 몇몇 친구들이 나에게 와서 친구 잘못을 얘기해요. 그럴 수 있죠, 속상하니까. 그런데 그러기에 앞서 먼저 스스로 해결하려고 노력하면 좋겠어요. 이렇게 3단계를 거치면 좋겠어요."

- 1단계 : 친구에게 잘못을 말로 해 준다.

"○○야, 네가 그렇게 하니 내 기분이 ……해. 하지 않았으면 좋겠어."

이 말에 친구가 행동을 바꾸면 스스로 해결한 것이다.

- 2단계 : 말로 했는데 변화가 없을 때는 경고를 한다.

"○○야, 네가 그렇게 하는 것을 고치지 않으면 선생님께 알릴 거야."

이 말에 친구가 행동을 바꾸면 역시 스스로 해결한 것이다. 그래도 고치지 않을 때 알리는 방법은 '또래중재'에 글을 쓰거나 어린이회의 시간에 발표할 수 있다.

- 3단계 : 경고에도 변화가 없을 때는 모두가 함께 해결한다.

모두에게 자기가 한 행동의 까닭을 말하고 질문에 대답하며, 잘못이 있을 때는 공개 사과와 약속을 한다.

> 또래중재란?
> 학급에 또래중재 통이 있다. 그 통에 이런 불만을 글로 써 넣는다. '또래중재모둠'에서 문제를 풀며, '또래중재모둠'에서 풀리지 않으면 어린이회의에 올린다.

학생들이 이 절차를 따르겠다고 하였다. 토론하고 이런 방법을 제시하니 학생들이 잔소리나 남의 일로 여기지 않고 자기 삶에 행동으로 이어지도록 노력하게 되는 것 같다.

나가는 글

토론이 대회가 아닌 교실 문화로 자리 잡기를

학생들이 토론을 참 좋아합니다. 토론을 놓아 버릴 수 없는 까닭입니다. 또한 토론으로 교실에서 일어나는 문제를 함께 고민하고, 함께 결정할 수 있습니다. 나와 다른 생각을 인정하며 깊이 있게 이야기 나누는 것이 곧 토론입니다. 토론으로 우리 학생들은 다른 사람이 결정한 것에 매달리지 않고, 잘못된 것에 눈 감지 않고, 하고픈 말을 할 수 있는 자기 삶의 주인으로 성장합니다.

토론이 교실 문화로 자리 잡도록 노력해야 합니다.

토론으로 수업을 살릴 수 있습니다. 교사와 학생들의 많은 노력으로 수업에 변화가 일어나고 있지만, 교사 위주의 수업에 조금 더 학생들의 참여가 필요합니다. 토론의 바탕이 '참여'입니다. '이건 이러하다'고 쓰고 외우는 것이 아니라, '이게 왜 이거지?', '이걸 어떻게 하지?' 질문을 던지며 직접 참여하는 수업이 토론 수업입니다.

토론 대회가 아닌 문화로 자리매김해야 합니다. 토론을 배우는 데 걸림돌이 '대회'로 운영하려는 모습입니다. 대회로 운영하는 사람들은 '상을 주니, 학부모가 관심을 갖고 자녀에게 토론을 더 많이 하도록 할 것'이라고 말합니다. 그렇게 토론의 확산에 기여할 수는 있을 겁니다. 그렇지만, 상을 받기 위해 하는 토론으로 진정한 토론 문화를 만들 수는 없습니다. '상을 받기 위한 토론'은 '상을 받기 위한 글짓기'와 마찬가지입니다. '삶을 가꾸는 글쓰기'가 글쓰기 문화를 바꿨듯, '삶을 가꾸는 토론'으로 우리 교실의 토론 문화를 바꾸어야 합니다.

교실은 토론을 쉽게 배울 수 있는 공간이어야 합니다. 학생들이 사교육으로 토론을 배우는데 그 비용이 너무 비쌉니다. 이렇게 비싼 까닭은 무엇일까요? 수요와 공급이라는 경제 원칙으로 간단히 보면, 배우려는 사람은 많은데 가르칠 사람이 적습니다. 토론으로 얻을 수 있는 효과가 크기 때문에 큰 돈을 들이면서도 학부모나 학생들이 배우길 원합니다. 부자 학생들만 토론을 할 것이 아니라, 교실에서 모든 학생들이 할 수 있으면 좋겠습니다. 그러기 위해서는 교사인 우리가 스스로 공부하며 토론을 나눌 수 있는 힘을 키워야 합니다.

토론을 공부하고 나누는 초등 교사 모임,
초등토론교육연구회

저는 초등토론교육연구회에서 공부하고 있습니다. 초등토론교육연구회는 우리 교육에 토론이 필요하다는 생각으로 토론을 공부하고 나누는 초등 교사 모임입니다. 함께 공부하고, 열심히 실천하며, 아낌없이 나누는 모임, 꿈틀꿈틀 살아 있는 공부 모임이 되기 위한 연구회입니다.

우리 연구회는 첫째, 만남을 추구합니다. 모여서 함께 공부하고 고민하는 모임입니다. 공부 모임에서 만날 수 없다면 카페에서 만날 수 있습니다. 만남으로 공부는 깊어지고 회원들끼리는 사람 사는 정을 쌓을 수 있습니다.

둘째, 실천합니다. 우리 연구회는 토론을 직접 합니다. 이론만이 아니라 직접 겪으며 배웁니다. 토론은 실제 할 때 그 맛을 알 수 있기 때문입니다. 또한 교실, 집, 사회 또는 다른 교육 공동체에서 학생들이 토론할 수 있도록 힘을 쏟습니다.

셋째, 나눕니다. 우리 연구회는 나눔을 추구합니다. 토론을 현장에 퍼트리기 위한 구심점 구실을 하며, 토론의 여러 자료와 실천 결과물을 나누려고 합니다. 우리 연구회만을 위해 독점하지 않고 아낌없이 나눠, 토론이 많은 교실에서 실천될 수 있도록 하는 데 조금이라도 밑거름이 되고 싶습니다.

토론을 익히는 가장 좋은 방법은 직접 해보는 것입니다. 우리 토론연구회에서 여는 워크숍이나 연수회에서 토론의 기회를 가지셨으면 합니다. 직접 참여가 힘들 때는 다른 사람이 하는 토론을 보는 것도 좋습니다. 아래에 소개한 카페에 있는 학생들의 토론 동영상으로 도움 받으시길 바랍니다.

초등토론교육연구회(cafe.daum.net/debateedu)
초등참사랑(chocham.com)
참사랑땀학급(chamedu.new21.org/2004)

이 책에 담지 못한 자료들이 카페에 많이 있습니다. 토론하면서 얻은 경험이나 궁금증도 카페에서 함께 나눴으면 합니다. 여러분과 카페에서 더 소통할 수 있기를 바랍니다.

고맙습니다.

참고 문헌

〈토론〉(한상철, 커뮤니케이션북스, 2009)
〈스피치와 토론〉(이상철, 백미숙, 정현숙, 성균관대학교출판부, 2011)
〈협동학습으로 토의·토론 달인 되기〉(이상우, 시그마프레스, 2011)
〈생각을 키우는 토론수업 레시피〉(김혜숙 외 7명, 교육과학사, 2012)
〈교실 토론의 방법〉(김주환, 우리학교, 2009)
〈삶을 가꾸는 글쓰기 교육〉(이오덕, 보리, 2004)
〈토론을 알면 수업이 바뀐다〉(신광재 외 7명, 창비, 2011)
〈엘리베이터 스피치〉(샘 혼, 이상원, 갈매나무, 2006)
〈토의·토론 수업 방법 46〉(정문성, 교육과학사, 2012)
〈발표와 토의〉(장혜영, 커뮤니케이션북스, 2011)
〈스피치 커뮤니케이션〉(임태섭, 커뮤니케이션북스, 2011)
〈생각의 충돌〉(김병원, 자유지성사, 2005)
〈대립 토론〉(박보영, 행간, 2011)
〈디베이트〉(케빈 리, 한겨레에듀, 2011)
〈토론하는 교실〉(여희숙, 파란자전거, 2009)
〈논증의 기술〉(앤서니 웨스턴, 이보경, 필맥, 2012)
〈토론〉(존 미니·케이트 셔스터, 허경호, 커뮤니케이션북스, 2008)
〈책 읽는 교실〉(여희숙, 디드로, 2006)
〈신나는 디베이트〉(황연성, 이비락, 2011)
〈질문의 7가지 힘〉(도로시 리즈, 노혜숙, 더난출판사, 2002)